辛勤播種的・必歡呼收割

文經文庫　6

800字小語③

三　毛等著／吳榮斌主編

800 字小語

本書曾獲：

- 台灣大學校長陳維昭推薦為「心目中的好書」。
- 「讀者文摘」精選十餘篇，打破同一本書選摘最多篇記錄。
- 入選「國語日報」的「好書引介」、「我最喜愛的書」專欄推介。
- 中廣、警察廣播電台、民本電台、民聲電台、漢聲電台、幼獅電台選播。
- 澳洲國家廣播電台中文節目選播。
- 作家琦君教授特別推薦。
- 台北市政府教育局評定為「優良圖書」。
- 台北市政府選為國小、國中、高中畢業生市長獎、教育局長獎獎品。
- 台北市立圖書館讀者票選「百本好書」之一。
- 世界日報轉載。
- 全國各級學校採用為課外輔導教材。

序

吳榮斌

半年前，「八〇〇字小語」第①集出版時，心中最大的期望是：這本書能帶給讀者一些可貴的體驗與美感，使生命在奔馳中得到一些鼓舞和甘美的滋潤。

試種的這棵花，當時不知道有多少人會喜歡。

現在，芬芳的花朵開滿國內外各地，那麼多人對本書喝采，直到現在，我才不能不相信「八〇〇字小語」是受歡迎的。

現在全三集出齊在即，我謹向讀者們敬致滿心的感謝。

作爲一個編輯，我信守的原則是：「把最好的內容貢獻給讀者」。

我對好文章的看法是，必須：

——告訴我一些「值得一看」的東西；言之有物。

——閱讀時，從第一句話就讀得下，並吸引我讀完全篇，讀完了，心中有所感動，還會一再回味，甚至要說給別人聽，並將所讀吸收成爲自己的知識或體驗的一部分。

——文字簡潔，結構完整，不要徒是文詞華麗，滿章堆砌。文章貴在不浪費文字，眞情流露。

好文章的形成，需要多少的智慧、技巧、體驗甚至天份！可是好文章難求，因此，每讀到好文章，我就情不自禁地對作者與起欽仰與感激之心。

多年來，我常想把心目中的好文章，集中在自己都會非常喜歡的一本書中。「八〇〇字小語」，正是這個理想的試金石，我想做到：

——「請所敬愛的人，把內心最感動、最難忘、最想說出來的話，像面對知己好友一般，以精緻的八〇〇字寫出來吧！」

——「每一篇都是生活與工作千錘百鍊後的眞情之語，是對生命的關切與感動的結晶。」

不但如此，我已厭倦了那些翻譯過來的東西，我也不喜歡從報章雜誌拾掇而來的來那種拼湊的粗俗書籍。

好不好我們把近代中國最好的短文集中在一起，好不好讓中國人多欣賞一些中國人優秀的作品呢？我們有很好的作品啊！

感謝每一位本書作者，他們都慈愛的理解我的想法，並寫出來和讀者分享。

作家琦君教授，在出國前五天加上搬家進行中的忙碌中，惠賜大作，並說「寫作數十年，此篇最珍愛」。她的盛情和對我的勉勵，我衷心感激。

三毛也是在出國前一天完稿。她說，在讀到第①集的「背景故事」時很受感動，這使我回想起一位廣播節目主持人在選播這篇文章時，兩度在節目中感極而泣的情景，也再一次的令我體會到人世間最可貴的，乃是眞情與愛。

除約稿的作品外，其他作品是由在近千册的名家作品中精選出來的。所下功夫之大，更發感到好文章眞是難求，這也增加了本書的價值。

本集最後兩篇是吳晟和瘂弦的作品。由於他們不是正好寫「八〇〇字」，我也因力拙無法删減其一字一句，所以維持原字數。

最後的兩頁是特別爲讀者而設計的，我衷心期望您也有「八〇〇字小語」，爲自己，也爲其他人留下可以流傳的「八〇〇字小語」。

親愛的讀者，祝福您成功，並充滿喜樂！

目錄

每一篇都是生活千錘百鍊後的眞情之語，
是對生命的關切與感動的結晶。

還給誰？

三毛

一九七一年的夏天，我在美國伊利諾州立大學。

不知是抵美的第幾個長日了，我由一個應徵事情的地方走回住處，那時候身上只剩下一點點生活費，居留是大問題，找事沒有著落，前途的茫然將步子壓得很慢，穿過校園時，頭是低著的。

遠遠的草坪邊半躺著一個金髮的青年，好似十分注意的在凝望著我。他看著我，沒有抬頭，我也知道；他站起來了，仍在看我，他又蹲下去在草坪上拿了一樣什麼東西，於是這個人向我走上來。

步子跨得那麼大，輕輕的吹著他的口哨，是不成腔調又愉快的曲子。

一片影子擋住了去路。那個吹著口哨的青年，把右手舉得高高的，手上捏著一枝綠的青草，正向我微笑。

「來——給妳——」他將小草當一樣珍寶似的遞上來。

我接住了，訝然的望著他，然後忍不住笑了起來。

「對，微笑，就這個樣子，嗯！快樂些……」他輕輕的說，又對我笑了笑。

然後，他雙手插在口袋裏，悠悠閒閒的走了。

那是我到美國後第一次收到的禮物。

小草，保留了許多年，那個人連名字都不知道，臉龐在回憶中也模糊了，可是直到現在，沒有法子忘記他。

很多年過去了，常常覺得欠了這位陌生人一筆可以歸還的債：將信心和快樂傳遞給另外一些人類。將這份感激的心，化做一聲道謝，一句輕微的讚美，一個笑容，一種鼓勵的眼神……送給似曾相似的面容，那些在生命中擦肩而過的人。

我喜愛生命，十分熱愛它，只要生活中一些小事使我愉快，活下去的信念就更加熱切，雖然是平凡的日子，活著仍然是美妙的。這份能力，來自那枝小草的延伸，將這份債，不停的還下去，就是生存的快樂了。

三毛　本名陳平，作家

寶貴的一課

李　文

人人都說內涵比外表重要。但是太多人還是以貌取人。

偶然認識了一些失去「容顏」的朋友。從他們的經驗裏，我看到社會的無情面。口口聲聲要以愛待人，卻拒絕幫助一些「不漂亮」的人自立更生。

因著他們，我與友人共同發起了「陽光文教基金會」。希望能爲更多顏面傷殘的朋友謀福利。

輔導他們的心裏障礙可能比給他們一份工作更重要。陳明里是其中的「過來人」，基金會特別請他擔任幹事的職務，希望以他本身奮鬥的心歷路程來幫助同病相憐的朋友。

我永遠忘不了陳明里是以甚麼樣的事實，來使我放心地將帶領「傷友」的重任交到他的肩膀上的。

那天我約他來家裏。事前特別叮囑三歲小女兒，千萬不可以對這位「長相不同」的客人問長問短，也將理由、原因說給她聽。好不容易女兒點頭說：「我懂

了，就是不要問叔叔臉是怎麼受傷的，對不對？」

門鈴響了，我迎客進門，並進廚房沏茶，就在這時，悶了半天的女兒開腔了：「怪不得我媽媽不准我問呢，是眞的不好看哪！」一聽這話，我當下傻住，相信鑽進地洞的感覺也不過如此。

但是，陳明里卻說了一句讓我終生感激的話。

他說：「是啊！就是不小心，才會被燒成這個樣子啊！所以你不可以去動瓦斯爐、熱水瓶，才不會被燒到、燙到，知不知道啊？」

他的話不僅解除了我的尷尬，也卸下了一個我一直擔心的問題——他的心理正常嗎？他如果不正常，如何去輔導別人？

眞是高興看到一位「跌倒又爬起來的人」，他的話與作爲就是最好的見證。

像這樣一位能夠面對現實，超越自己的人，你能說他是殘障嗎？非但不是，可能一些肢體容貌既美且健的人，還達不到這份曠達的境界呢！

我從陳明里那兒，上了寶貴的一課。

李文　警廣節目主持人。陽光文教基金會發起人

豐盈的愛

李豔秋

採訪新聞近四年，每天接觸到不同的人和事，每天有不同的感觸。有時看到宦海浮沉，趨炎附勢，爭名奪利。人類的缺點，在透過攝影機後，更覺擴大與醜惡，老話說「太陽底下沒有新鮮事」，這類事情看多了，心中時有所感慨。

於是，有時我變得很冷漠。

發現自己不再熱情和衝動，是很可怕的事。

我，我的工作，盡是只能面對這些嗎？

殘留在心中的一絲純眞，發出了掙扎的訊號。我應該可以做些積極的事來。

我開始賣力的，認眞的想要發掘人性的可愛與善良，希望抓回一點眞正的青春。

在確實付諸行動後，令我十分驚訝，人類間竟有那麼豐盈的愛。而我，由於

心語

工作的關係，可以適時的予以擴散、匯集這份人世間的愛，不但使自己分享到一分温馨，並且開始瞭解和肯定自己的做法。

——一位因車禍受傷而成植物人的女孩，曾使我爲她的傷重而落淚，但她在大家的愛心和實質的幫助下，沒有成爲第二個王曉民。當她出院時，我清楚的看到她的笑容，並親耳聽到她說：「謝謝！」

——一羣大人眼中的天才兒童，自動放棄遊樂時間，每天陪著智商不足九十的兒童玩遊戲。不是要炫耀甚麼，也不是憐憫，他們單純的只是爲了愛。

——有個可愛而美麗的女孩，爲孤兒和痲痺患者，奉獻了二十年的青春，這中間她沒有拿過一文錢。

這種實例實在太多太多了。

這一點一滴的愛，常常在我心中洶湧澎湃，當我手捧著「報導社會光明面最佳記者獎」時，我爲之激動不已。

如果不是他們，那有我？我實在是因他們而使自己活得更充實的啊！

李艷秋　電視節目主持人

付出的本身就是收穫

杏林子

創辦「伊甸殘障福利基金會」之初，我曾猶豫掙扎了許久。我深知這份工作的艱辛不易，需要面對的又是一個複雜多變的社會，這和以往單純寧靜、與世無爭的寫作生活，眞有天壤之別。

我能適應新的環境嗎？我能應付新的工作所帶來的壓力和挑戰嗎？我捨得放棄已有的寫作成果嗎？

最重要的，這樣做値得嗎？這是一份既無名也無利的工作，服務的對象都是殘障孩子，要教育他們，訓練他們，輔導他們，工作繁重瑣碎，一時之間也不容易看出績效，在這種情況下，如果沒有很大的愛心和耐心，很難不讓自己的理想破滅、熱情冷卻。

而我已四十歲了，四十歲才來創業會不會「時不我與」？以我的體能狀況來說，我看得到我努力的成果嗎？如果不能，我辛辛苦苦的又爲了什麼？我今日的

努力和犧牲豈不都是白費力氣？

去年夏天，文化大學創校二十週年，我才知道張其昀老校長創辦該校時，已經六十餘歲。他很可以留在家裏含飴弄孫，安享餘年，可是他卻辦起學校來，從校址勘察到一木一石規畫興建，無不親力參與，其間的煩瑣複雜又豈是一個小小的「伊甸」可比擬的？以他的高齡，他不怕自己會隨時倒下去嗎？他不怕看不到自己辛辛苦苦創辦的學校成長茁壯嗎？

他當然知道，但他還是做了。

我忽然領悟。老校長並不是在爲自己創事業，他是在爲千萬學子謀幸福，捨己爲公，也就無所謂個人的成敗榮辱、利害得失了。

就這樣，我也勇敢的跨出腳步。我知道，重要的是在付出，因爲，唯有從付出當中，你才能有所獲得，有所體認。

能夠愛，是一種福氣；懂得愛，是一種智慧。單單爲我們有這份力量付出，就讓我們歡歡喜喜的做吧！

杏林子　本名劉俠，作家，伊甸基金會董事長

福氣

張拓蕪

劉俠（筆名杏林子）得了國家文藝獎，我眞爲她恭喜。她獲得這項殊榮，最最高興的自然是她的雙親；但作爲她朋友之一的我，這份光彩不僅與有榮焉，並且感同身受。

劉俠不僅是我的好友、難友而已，十年來，一直把她當成老師、榜樣和里程碑看待的。

她是位老殘障，殘障的情況比我的嚴重百倍，她和病魔纏鬥了近三十年，如今聽到她充滿堅強、喜樂、爽朗的笑聲，看到她容光煥發，坦蕩，勇往直前，充滿無憂無懼的青春的那張臉，你就不會相信她會是個在病榻上癱瘓了近三十年的「老」病人。

她的全身關節壞了百分之九十五，手指變了形，拿筆的姿態看了令人心酸！

但她寫了七八本散文集。最主要的是她只有小學畢業。她的奮發圖強、堅忍不拔的努力苦鬥，其辛苦、艱難千萬倍於其他健康的人！她能獲得這項殊榮，實在可欽可敬！

認識劉俠已有十年光景，這十年，私心一直以老師尊之，她的言（文章）、行（殘障福利工作）在在教育、啓示著我。當我軟弱、洩氣、氣惱和懶惰時，腦海中立即映顯出她喜樂、寬容、謙卑的天使般的笑容。我比她老一大把年紀，我能不羞愧、不折服、不振作起來嗎？

她身材纖小，但寬容量卻大得驚人，古人說「有容乃大」，以前不甚了解，如今卻懂了。她把自己的病痛不當一回事，卻在關懷其他殘障的青少年，創辦了「伊甸殘障福利基金會」，她只爲了愛，爲了她的同胞，尤其爲了愛殘障同胞。

我從劉俠處學習到不少，但仍不够；至今雖未能脫胎換骨，但至少比以前像個樣子了。

以劉俠爲師，爲榜樣，爲里程碑，不正是我莫大的福氣嗎？

張拓蕪　作家

落花生

許地山

我們屋後有半畝隙地。母親說：「讓他荒蕪著怪可惜，既然你們那麼愛吃花生，就闢來做花生園罷。」我們幾姊弟和幾個小丫頭都很喜歡——買種底買種，動土底動土，灌園底灌園；過不了幾個月，居然收穫了！

媽媽說：「今晚我們可以做一個收穫節，也請你們爹爹來嘗嘗我們底新花生，如何？」我們都答應了。母親把花生做成好幾樣底食品，還吩咐這節期要在園裏茅亭舉行。

那晚上底天色不大好，可是爹爹也到來，實在很難得！爹爹說：「你們愛吃花生麼？」

我們都爭著答應：「愛！」

「誰能把花生底好處說出來？」

姊姊說：「花生底氣味很美。」

哥哥說：「花生可以製油。」

我說：「無論何等人都可以用賤價買它來吃；都喜歡吃它。這就是他的好處。」

爹爹說：「花生用處固然很多，但有一樣是很可貴的。這小小的豆不像那好看的蘋果、桃子、石榴，把它們底果實懸在枝上，鮮紅嫩綠的顏色，令人一望而發生羨慕底心。它只把果子埋在地底，等到成熟，才容人把他挖出來，你們偶然看見一棵花生瑟縮長在地上，不能立刻辨出它有沒有果實，非得等到你接觸它才能知道。」

我們都說：「是的。」母親也點點頭。爹爹接下去說：「所以你們要像花生，因爲它是有用的，不是偉大、好看的東西。」我說：「那麼，人要做有用的人，不要做偉大、體面的人了。」爹爹說：「這是我對於你們底希望。」

我們談到夜闌才散，所有花生食品雖然沒有了，然而父親底話現在還印在我心版上。

許地山（1893-1941），作家，曾任燕京大學教授

昆蟲記

李金髮

有一天，是氣壓非常高的一天，我出去公園管理處打電話，看到一個穿草鞋的苦力人，手持一竹竿，腰間掛著一竹簍，正在將一種膠質糊在竿尾，然後仰首尋蟬聲所自出，將這有膠的竿尾，輕輕的靠在鳴著的蟬之背部，則兩翼已在無用的掙扎。他徐徐將竿退下，將蟬翼上有膠的部分揭去（美麗的翼就此殘缺了），放進簍中，再到無數同命運者中去。猶聞鬧成一張如人類獄中的罪人之騷動，我好奇地，借他的竿也捉下一個，也給牠放進去了。這是我犧牲一小生命的罪過！聞此種蟬將賣給小孩子玩，——磨難小動物，是中國兒童的特色，也是無知的父母所允諾的。——或賣給人做藥材，這就是與人無所忤的自然吟咏者之命運。

不知怎的，我近十年來很覺得心腸仁慈多了，一個小小的蚱蜢及蟋蟀，甚至螞蟻，我都不願及不許小孩們弄死，或磨難牠們。對於牠們的生活，我也很有興

趣，充其量我可以做一個昆蟲學業餘愛好者也說不定。他們粗人俗語，常常笑我尚有孩子氣，我承認我尚有赤子之心，個中詩意及哲理，是他們不能領略的。

有一次，我無意中在樹根下發現兩種螞蟻在鬥爭，糾紛的起因爲何，我可惜沒有看到，迨我看見時，已有十來個大蟻（有半英寸長）爲無數小蟻擒食，大蟻則派幾個勇士，守在土穴之口，張開鐵一般的黑鉗窺伺著。環繞著的小蟻羣，偶有一個過於勇敢而不小心的小蟻，便會被牠銜進去受極刑。有時大蟻稍不小心，走得過遠，便爲小蟻包圍，你吃一腳他吃一臂，就走不動了，這樣就斷送了牠的性命。

這不是人類的縮影嗎？我蹲在那裏，足足看了一點鐘，心頭非常難過，但沒有法子可以排解牠們。後來我回去吸一枝香煙，和寫了一點譯稿，再來看時，小蟻們已退至東隅，大蟻出來，到已退出的陣地，張皇地在尋覓。怎樣的經過呢？是小蟻自動的總退卻呢？還是爲大蟻吞食到如此田地呢？大蟻又何不追擊呢？我想彼此犧牲必不少，這些都使我沉思了終日，這樣的蟻鬥，也不多見了。

——節自「在玄武湖畔」　李金髮（1900—1976），詩人

荷塘月色

朱自清

沿著荷塘，是一條曲折的小煤屑路。這是一條幽僻的路；白天也少人走，夜晚更加寂寞。荷塘四面，長著許多樹，蓊蓊鬱鬱的。路的一旁，是些楊柳，和一些不知道名字的樹。沒有月光的晚上，這路上陰森森的，有些怕人。今晚卻很好，雖然月光也還是淡淡的。

路上只我一個人，背著手踱著。這一片天地好像是我的；我也像超出了平常的自己，到了另一世界裏。我愛熱鬧，也愛冷靜；愛羣居，也愛獨處。像今晚上，一個人在這蒼茫的月下，甚麼都可以想，甚麼都可以不想，便覺是個自由的人。白天裏一定要做的事，一定要說的話，現在都可不理，這是獨處的妙處；我且受用這無邊的荷香月色好了。

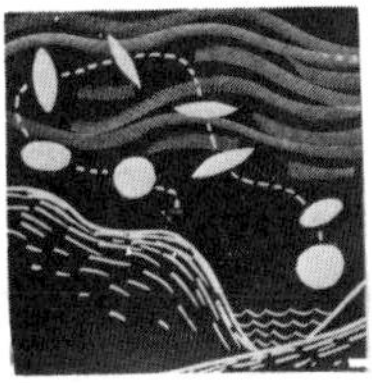

曲曲折折的荷塘上面，彌望到的是田田的葉子。葉子出水很高，像亭亭的舞女的裙。層層的葉子中間，零星地點綴著白花，有嫋娜地開著的，有羞澀地打著朶兒；正如一粒粒的明珠，又如碧天裏的星星，又如剛出浴的美人。微風過處，送來縷縷清香，彷彿遠處高樓上渺茫的歌聲似的。這時候葉子與花也有一絲的顫動，像閃電般，霎時傳過荷塘的那邊去了。葉子本是肩並肩密密地挨著，這便宛然有了一道凝碧的波痕。葉子底下是脈脈的流水，遮住了，不能見一些顏色；而葉子卻更見風致了。

月光如流水一般，靜靜地瀉在這一片葉子和花上。薄薄的青霧浮起在荷塘裏。葉子和花彷彿在牛乳中洗過一樣；又像籠著輕紗的夢。雖然是滿月，天上卻有一層淡淡的雲，所以不能朗照；但我以爲這恰是到了好處——酣眠固不可少，小睡也別有風味的。月光是隔了樹照過來的，高處叢生的灌木，落下參差的斑駁的黑影，峭楞楞如鬼一般；彎彎的楊柳的稀疏的倩影，卻不像是畫在荷葉上。塘中的月色並不均勻；但光與影有著和諧的旋律，如梵婀玲上奏著的名曲。

——節自「荷塘月色」 朱自清（1896—1948），作家

蟬與螢

陳醉雲

夏秋之間，是一個鳴蟲競奏的時節。許多鳴蟲，總愛在清涼恬靜的夜裏，啁嘈應和著嘹亮的歌唱。祇有蟬，牠卻愛在炎熱的白晝，踞在高高的樹枝上引聲嗷嘯，暑熱越盛，牠們也越叫得起勁。

當人們正熱得要瞌睡的時候，牠們卻越是沾沾自喜地恣肆播唱。使我們一談到夏天，總不免會想著牠們。

牠們有些在夏季鳴唱，有些在秋季鳴唱，我以爲都富有詩意，都可以代表白晝的頌聲。

當夏秋之間，在月暗星稀，鳴蟲雜奏的夜晚；點綴著黃昏夜空的是什麼呢？那就是螢了。

螢，小小的螢；點點的熒光，明滅閃爍在草叢、樹林、籬邊、水際。若是把牠比作天上的星星，就沒有這樣活動；這樣玲瓏，也不能有著這樣撲朔迷離，一明一滅的熒光。

夏秋之間，一到夜晚，便袪除了一日間蒸溽的熱惱，人們也像是滌淨了一日間困頓的疲勞。當我們坐在樹下或躺在草地上休憩的時候，林間樹梢上顫動著蕭颯的風聲，飄下一股爽朗的涼味，已夠令人陶醉了。若是出現幾點流螢，婆娑在我們周圍，更將使我們十分驚喜，也許喜得連話也不想說，儘管瞧牠們或上或下，或緩或急，或明或暗的在夜空中晃漾。

從前人有句詩說：「輕羅小扇撲流螢，」描寫小兒女們的閒情逸致，確是十分活現。但我以爲這樣的嬉戲，未免太作弄牠們了，爲了自己的一時高興，害牠們驚避顚仆，雖然有趣，總有點不忍心。喜是瞧牠們婆娑輕舞，或是嬌憨地拿著扇子招牠們來，不是較戲弄牠們更有趣味，更覺得可愛嗎？

在熱惱的季節裏，有著蟬在白晝大聲的呼嘯，高昂的歌唱；有著螢在黑暗的夜空輕盈的閃耀，殷勤的照料，牠們都各有各的長處，我們不能加以鄙視，也無從加以軒輊。

——節自「蟬與螢」　陳醉雲，作家

紙船印象

洪醒夫

每個人的一生都會遭遇許多事，有些是過眼雲煙，倏忽即逝，有些是熱鐵烙膚，記憶長存，有些像是飛鳥掠過天邊，漸去漸遠；而有一些事，卻像夏日的小河、冬天的落葉，像春花，也像秋草，似無所見，又非視而不見——童年的許多細碎事物，大體如此，不去想，什麼都沒有，一旦思想起，便歷歷如繪。

紙船是其中之一。我曾經有過許多紙船，在童年的無三尺浪的簷下水道航行，使我幼時的雨天時光，特別顯得亮麗充實，讓人眷戀。

那時，我們住的是低矮簡陋的農舍，簷下無排水溝，庭院未舖柏油，一下雨，便泥濘不堪。屋頂上的雨水滴落下來，卻理直氣壯的在簷下匯成一道水流，水流因雨勢而定，或急或緩，或大或小。我們在水道上放紙船遊戲，花色斑雜

者，形態怪異者，氣派儼然者，甫經下水即遭沉沒者，各色各樣的紙船或列隊而出，或千里單騎，或比肩齊步，或互相追逐，或者乾脆是曹操的戰艦——首尾相連。形形色色，蔚爲壯觀。我們所得到的，是眞正的快樂。

這些紙船都是有感情的，因爲它們大都出自母親們的巧思和那雙粗糙不堪、結著厚繭的手。母親摺船給孩子，讓孩子在雨天裏也有笑聲，這種美麗的感情要到年事稍長後才能體會出來，也許那雨一下就是十天半月，農作物都有被淋壞、被淹死的可能，母親們心裏正掛記這些事，煩亂憂愁不堪，但她仍然平靜和氣的爲孩子摺船，摺成比別的孩子所擁有的還要漂亮的紙船，好讓孩子高興。

童年舊事，歷歷在目，而今早已年過而立，自然不再是涎著臉要求母親摺紙船的年紀，只盼望自己能以母親的心情，爲子女摺出一艘艘未必漂亮但卻堅強的、禁得住風雨的，如此，便不致愧對紙船了。

洪醒夫　小說家（1949–1982），曾任大南國民小學教員

青年的呼聲

王尚義

我誕生在蘆溝橋事變的前夕，這事對我有無比深刻的意義，我自覺我的生命和苦難是不可分的。因此，當我拿起筆來，要寫自己，要寫這個時代的時候，我不能無視於這一代青年的苦難。

這一代青年的苦難包括兩方面：肉體和心靈的。肉體上，顚沛流離，生活在砲火的烟漫裏。心靈上，掙扎幻滅，飄浮在無數思潮的沖擊中。對於前者，我並無絲毫怨艾和自憐，任何艱苦的環境，對受難者都是嚴酷的考驗；對於後者，我深深感到惆悵，有不知所以的責任感。

「五四」這個黎明的日子，這個偉大啓蒙的開始，帶來了新、舊、東、西的鬥爭，可愛的一代生靈，也隨著葬送其中了。就這一點來說，我覺得功過不是在任何思想和學說的本身，而是在我們的選擇上，假定中國文化是優越的，我們不妨以頭顱爲長城來護衞它；假定西洋文明是高超的，我們就不妨丟棄一切跟隨

它；假定二者都有優越高超的地方，我們不妨嚴肅地整理一下，除其雜穢，留其精華，作一個中西文化的大結合。這選擇的標準，應當是如何適應我們的生存。

然而，中國人就缺乏面對現實的勇氣，一種明辨是非的決心。直到今天，在這樣嚴重的生死關頭，尚不能有稍許覺悟和覺醒。事實很清楚，在今日的地球上，誰能把握科學——科學的思想與科學的方法，誰就是強者，誰就是最有資格生存的人。在我們中間，一部分人看清了這個事實，高呼發展科學的口號，對科學卻沒有正確的認識；一部分人表面上承認這個事實，可是一旦科學思想牴觸了傳統的時候，他生怕作了傳統的叛徒。我不曉得該怎樣批評這種現象，但我覺得觀念的謬誤是錯亂的原因。拉拉扯扯，馬馬虎虎，是不能解決問題的——如果想過活，想有更遠的生存！

錯誤的是上一代，這是青年的呼聲，但是，我們自己該怎樣警惕，如何不做下一代的罪人，這是一個嚴重的疑問。不然，歷史永遠會重演，苦難永遠會循環，中國人的悲哀愈來愈會變得深沉！

——節自『狂流』前言　王尚義（1936–1963），作家，臺灣大學醫學院畢業

民族之歌

李雙澤

如果不把民歌的範圍限定得太狹的話，民歌，就是民族之歌；換句話說，中國民歌就是中華民族之歌。所以，當我們遇到「我們有民歌嗎？」這個問題的時候，毫無疑問，答案是肯定的：「有！」爲甚麼呢？爲甚麼有許多人認爲中國沒有民歌？中國人也是喜歡唱歌的民族，其實並不亞於其他各民族，爲甚麼我們時常會被人告知：「中國是無聲的民族？」我們被告知：「中國是無歌的民族？」等我們再仔細的追問下去，原來問：「我們有民歌嗎？」的人原意是想問：「我們有自己的、好的民歌嗎？」中國人是否因爲無「好」聲而被認爲無聲？那，這個「無好聲」又應怎說呢？

讓我們靜靜的想一想，在一個演唱會中，臺上臺下都是中國人時，唱的歌都是英文歌的景象吧！這種現象，許多人都會理直氣壯的說：「因爲我們沒有好歌，只好光唱外國歌，同時也可以吸收外國音樂的長處！」——在這裏，有幾點需要澄清的：吸收外國歌好處的方法，是聽還是唱？我們是要去傾聽，分析然後吸收外國歌的好處，還是從唱外國歌來吸收好處？答案很明顯的可以看得出來。

為甚麼我們只著眼在防止帝國主義的經濟侵略，而忽略了文化的侵略呢？為甚麼我們竟然自己先肯定自己做不出好的歌來呢？

我們的作曲、作詞者，就是受到了壓迫的民族文化事業者！他們甚至受到了內、外雙層的壓迫。

引進歐西流行的音樂是在文化層面上的缺欠自我認識，失去了堅持民族文化事業保護的原則，同時又由於教育上的偏差，造成了今日可怕的景象！

我們如今可以警覺到問題的嚴重性了。我們民族的歌到底淪落到怎樣一個地步了？——這是要喚醒民眾來注意的，民眾的覺醒就是力量！然後，在這「你是臭皮匠，我是臭皮匠，三個臭皮匠，協力幹下去」的民主時代裏，讓我們先唱眞正自己的民族之歌來喚醒民眾，然後，再來一個民族大合唱！

——節自「民歌‧民歌‧民族之歌」　李雙澤（1949—1977），音樂家

不謝花

胡台麗

花開了不是會謝嗎？嬌艷欲滴的花容不是會枯萎失色嗎？而我桌上的這束花雖然離土數月卻依舊笑靨迎人。第一次看見它是在巴布亞新幾內亞的南部高地。

這塊隱祕的高地一直到一九三六年才爲外界發現有人類居住。因偏遠荒寒，交通不便，部落戰爭時斷時續，很少遊客造訪。那晚我搭上一部當地華僑商店的貨車，睡眼惺忪地看到寒霜在車燈打亮的公路上飄飛，一彎新月尾隨車後。折騰了五個鐘頭，於凌晨一時抵達南部高地城曼廸（Mendi）。隨車而來的小林把我介紹給曼廸分店的高經理。一進入高先生的木屋，我的視線就讓一大瓶菊黃、紅紫的花牽引過去。

「這是不謝花，離開水土半年還活著，顏色也不褪。土人知道我喜歡，在山裏見著了便拔回來送我。這花就像中國人一樣，雖然離開了生長的土壤，仍然不

失其本色。」

在異國的荒村小屋裏聽到這樣的比喻我不禁一凜，睡意全消了。文質彬彬的小林告訴我，高經理是上海交通大學畢業的。我一面吃生力麵，一面聽他們講述在這人地生疏的環境裏求生存圖發展之道。聽著聽著，思潮翻騰了起來。

記得陳之藩曾把散居海外的中國人比作失根的蘭花在風雨中飄零。我在國外羈留的一段日子裏，常常讓這種哀艷淒絕、自傷自憐的愁緒感染得意氣消沉。高先生的不謝花的比喻則含有堅忍卓絕、奮發自勵的意味，也是大多數白手起家的海外移民的眞實寫照。

我後來在泰北的苗族山田裏，又見到了外形像雛菊的不謝花。它們長在土中的神采，果然和離土之後一樣，每片花瓣硬硬挺挺的，包圍著一個柔軟的花心。苗族的頭目送了我一束，我用塑膠袋套起放進行李箱帶回臺北，啊！袋裏的花瓣怎麼都閉合了？不謝花還是會謝？接著，奇怪的事發生了——插入瓶裏的花接觸光線空氣之後，一朵朵居然重新綻放，花形不改，花色不變！

胡台麗　人類學博士，中央研究院研究員

少女的讚頌

朱大枬

對著那冷豔的臉，那臉上髣髴敷著一層潔光泛濫的晴雪，我恍惚漫游在雪後的荒山中，遺忘掉枯寂的心情，領悟到淒寥的靜趣。這潛靜的心，也恰好比喻做積雪的原野，不論受什麼情緒和意念的踐踏，只一度踐踏過去，便留下深深的印跡。

愛慕跨上了心頭，羞怯跟在他的後面。愛慕迂緩的爬著羞怯飛似的奔馳。一會兒，羞怯追越過愛慕的腳蹤，仍自單人獨騎的在我心裏馳騁，愛慕悄悄的遁去。

後邊還有一行列，影影向我心頭進行，仔細辨認得出：是希望的馬駕著苦惱的車，猜疑飄飄的搖動著走，決斷顯露出鐵青的臉色，妬忌攜著怨恨，忿怒直衝上前，忍耐則病懨懨的掙扎著。

於是他們都蜂擁上心頭，遍心深深的刻著縱橫的轍跡，蜂窩似的穴孔。再偷看那冷豔的臉，臉上還鋪著坦蕩蕩的雪層，沒經過絲毫的凌踐似的。我可不知道

她內心的情狀，我極想知道她的心是否和她的面孔一樣光鮮呢，是像我的心一樣凌亂呢？也許竟是一包泥漿了，啊，那可難說！你瞧，那臉上堆積的雪層夠多厚，我眼光又沒有太陽般的熱力，怎能夠探索她心裏的祕蘊。

但是你仔細看去，她的嘴唇邊不還有一點融化的痕跡？那不是曾經過情愛的嘴唇的烙壓？看罷，她滿臉的冰雪就要從這一點熱情的烙印化起！那烙印像從綻破的石榴裏擠出來的一顆鮮紅的米粒。

但是我抽身走了。愛慕悄悄的遁去，羞怯越過愛慕的前面，便也緩了下去，卻還在腳爬手騷的亂動；希望脫掉韁繩跑去，剩下苦惱停在心裏；妬忌慫恿起怨恨咆哮，忿怒更在一旁吶喊著助威；忍耐跌倒地上；決斷毅然趕走了猜疑，而冷淡趁這擾亂之間便瑟瑟的跨上心頭。

於是濘泥的雪野漸漸變作坎坷的冰地。雖然我沒有回頭窺望，但是我猜想，我也希望，那冷豔的面孔將要漸漸晴霽了，滿臉絢爛的紅旭比那寒冽的潔光更美，那完全綻破了的石榴啊！

朱大枬　作家

巴黎女人

席德進

巴黎是一個永遠浸沉在愛情裏的都市，愛情的主角，當然是女人。

巴黎的女人，有詩的氣質，音樂的韻味，淡雅得像一幅水彩畫。

她們像剛從美術館的名畫中走出來。她們又似時裝雜誌裏的美人兒，活躍在你的眼前。

你不必驚異，這也不是夢幻。

巴黎這個城市，簡直就是一個公園，爲情侶們而設的。

所以，在街頭，在咖啡座，在小巷，在地道車中，在塞納河畔，——熱吻、纏綿的鏡頭，隨處可見。

不要認爲那是太浪漫了！那是他們的眞情，自然流露，自然得像枝頭上的鳥兒。

你不必驚怪，這是他們的日常生活。

奇怪的是——到過巴黎的人，巴黎便給了他一個永遠難忘的夢。

也有無數的人，從此就放蕩在巴黎，流連忘返。

是誰，能使得他們留駐？若問蕭邦，他的答覆定是喬治桑。

看那在暗淡的路燈下，潦倒醉暈的老人，也許他曾有過一段燦爛的愛情、童話般的故事：

「一夜當我醒來，發覺像似躺在公主的身邊……。」

你不必驚訝，這是你也可能碰到的事實。

巴黎就是永遠用了她那愛情的嘴唇，在向你呼喚。

你到了這裏，巴黎又會用她那溫柔的手臂將你擁抱。

看那些非洲來的青年，身邊總倚靠著一個麗人兒，即使是我們保守的東方人，在這兒也自然地被熔化於拉丁人的浪漫。你不要等待了，到了白髮滿頭時才來訪問巴黎。

那時你帶回去的，將只是嗟嘆！

席德進（1923—1981），畫家

勇敢說愛

苦苓

中國人是最怯於說愛的民族。

在古代，當然不可能想像一個老爺道貌岸然的對老婆說：「我愛你。」在今天，即使是電視劇裏，我們看到其中的人物口口聲聲的愛，還不免嗤嗤發笑，覺得肉麻噁心。若是用寫的就心安一點，至少不會當場被人譏嘲，而且現在流行一種解釋：是廣義的愛。

相對之下，男女之間的情愛就顯得狹隘。可是這不是生命的泉源嗎？先沒有兩性相悅之愛，如何會有父子、兄弟以及家族、人類之愛？一個人年紀大了，就漸漸對「狹義」的愛覺得赧然，連過去情意綿綿的告白都要否認，實在是不可思議的。

偏偏每一個人在年輕的時候，都少不得犯這種「錯」，人不多情枉少年，誰沒有自命瀟洒風流的爲一個、或是一羣女孩寫下過片言隻紙？爲她心動、心悸、

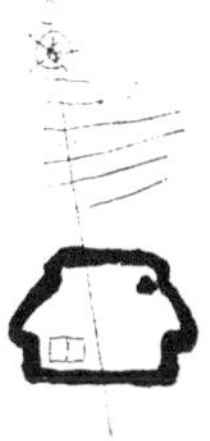

心酸、心痛乃至心碎……說有多誇張就多誇張，然而自己未曾後悔，對方也眞的往往爲之「心亂」。

有不少「找到方向」的，三十歲左右的青年作者，尤其排斥自己過去的這類作品：有空就到舊書店裏搜羅，價而購之，購而焚之，深恐被人看見；偶爾有愛慕者提起自己的少作，一時就羞紅了臉，或搖頭否認，或揮手做拒斥狀……奇怪？當年認爲如此美好的一切，竟都變得不堪聞問了？

可是千古以來，動人的文學傑作中，不也多得是這種「狹義之愛」嗎？這些有志流傳千古的作者，又何以非要「廣義」不可？想來想去，無非是因爲他們多已結婚生子，當年那些不是寫給自己太太的情話，若是「事機不密」洩露出來，的確是會惹起不少風波。

如果能得到這些太太們的諒解，我倒眞想把這些作品都蒐集起來，校訂編次，合爲一輯，來個「情書大展」，讓不復當年雄風的伙伴們，看看自己的「勇敢與冒失」！

苦苓　本名王裕仁，作家

強壯的活下去！

鍾理和

臺妹！親愛的：

我拋開你們母子，獨自悄悄地走了，我雖然有需要給你寫這封信，卻也希望寫了最好不要落到妳的手裏，成爲公開的，仍舊由我自己去處理它，撕掉、焚化、或收藏起來，神不知鬼不覺，好像根本沒有這回事。然而，假使它偏落到妳的手裏呢？親愛的，也請不要悲傷，更不要流淚！事情是祇好這樣的，我絕沒有做錯。不是嗎？捨此之外，我們是再也無路可走了。生也罷，死也罷，我已到了選擇取其一的時候。你們是還應該活下去的人，我不能總拉住你們不放，讓你們和我同歸於盡。

也許妳要說我太自私了，把沉重的擔子全部放到妳的肩頭！說來委實是我們的日子也太艱難了，太暗澹了。然而親愛的，妳也知道的，我豈是自私的人呢？數年來我忍盡和受盡了一切煩惱和折磨，祇希望能早一點恢復健康，給妳分憂，

再和過去一樣過著我們雖貧寒而卻清靜的相愛的生活。是的！我愛妳，我是這樣的愛妳，祇因爲它，才使我雖病了也能活下來，才使我數年來能夠制服在痛苦時不住纏擾我的自殺的念頭。同時，像這次一樣的，也使我很勇敢的去接受決定生死的手術。

臺妹，我常常想，妳原是應該和任何別的男子結婚，即算是一個做工吃飯的人也好，都會比跟了我更安定、更幸福的。但是妳卻到底跟了我了，這就註定了妳的生涯是一連串無窮盡苦難的日子。

我也常常想了，假如我有出息些，身體強壯些，我們的家庭是會好一點的。或者妳做丈夫，讓我來做妻子，則我們的家庭也會好一點的。可是，我從來就如此孱弱，而我們的地位，卻又無法顛倒過來，因此我們就只好弱而無能的挺在當前，強而有用的埋沒草萊了。

現在，去吧！親愛的！強壯的活下去！不要畏懼！絆腳石我已給你們搬開了，以後只要你們向前走就是。

——節自民國三十九年五月十日日記　鍾理和（1915—1960），作家

情書與義書

琦君

外子出遠門了，將有相當長的一段時日才得回來。朋友們打趣地說，該開始寫情書啦，不到一年，就可出一本「兩地書」了。我笑笑。彼此年紀已經一大把，「情書」二字離我們是遙遠而又遙遠的事了。可是年少夫妻老來伴，垂老之年，他爲了工作，不得不單身遠適異國，飲食起居，多少感到不便。尤其是他連電鍋燒飯都不記得在外鍋加水的人，總不由得人不掛心。臨行前他笑嘻嘻地說：「你放心好了，人卽使漂流到蠻荒地帶，也能捉野兎、搭木屋生存下去，何況有那麼多朋友照顧呢？」他第一封來信告訴我，抵達時承同事友人相接，情意款切，絕無「投荒」之感。他說「人過中年，在家靠夫妻，出門靠朋友。」叫我放一百個心。看他狀至愉快，我眞的也就放一百個心了。

「在家靠夫妻，出門靠朋友。」這就是一個「義」字。中國人自古以來就最重視義。朋友相交以義，夫妻相愛不僅是情，也是義。情深似海，還須義重如山。因爲海是動盪的，山是穩定的。澎湃的海水多姿多采，旣浪漫也驚險，總不及穩定的山給你一份天長地久的永恆感。男女相悅，信誓旦旦，卻有的於結合後不免仳離者，也許彼此只有炙熱的情，卻沒有體認到義所給予對方更多的幸福。夫妻患難相依，生死不渝，絕不僅僅是情，更包含了義。我總覺得情是片面的，因此是飄忽的，也是自私的；義是相互的，因此是凝重的，也是犧牲的。夫妻由新婚而至白頭偕老，由情深似海，而進入義重如山，這才是愛的眞諦。

記得大學畢業時，愛護、關懷我們的系主任，預祝我們個個婚姻美滿。他贈給我們的一副對聯是：「要修到神仙眷屬，須做得柴米夫妻。」我一直牢記心頭，直到永遠。

數十年來，這是第一次遠別。古人說：「慢云小別只三年，人生幾度三年別。」於牽掛之餘，不免更記起老師所賜贈的對子。古人又有詩云：「小別不改容，遠別淚沾胸，人生無離別，豈知恩愛重。」因此我們不是「輕別離」，而是「重」別離，是義重如山的「重」。正如友人所說，我們當然會有「兩地書」，但我們通的不是「情書」，而是「義書」。

琦君　原名潘希眞，作家

洗兒詩

吳宏一

依古俗，孩子生下三天，家人要為他舉行洗禮，俗稱「洗三」或「洗兒」。古代有的詩人，無事不可寫，無意不可入，因此連洗兒這樣的題目，也都可以入詩。像蘇東坡四十八歲時，為兒子蘇遯所寫的洗兒詩，就是一首傳誦今古之作。

「人皆養子望聰明，我被聰明誤一生；但願孩兒愚且魯，無災無難到公卿。」

東坡自許聰明，大概沒有人反對，但他是不是眞的「但願孩兒愚且魯」，這可就不能單看文字。進一步說，孩兒愚魯，是不是就能「無災無難到公卿」，恐怕更成問題。因此，明末錢牧齋同樣在四十八歲為兒子錢孫愛「洗三」時，就寫了一首「反東坡洗兒詩」，來跟東坡唱反調：

「坡公養子怕聰明，我為癡獃誤一生；還願生兒獧且巧，鑽天驀地到公卿。」

這兩首詩寫東坡、牧齋對孩兒的期望，雖然看似不同，其實目標卻一致。他們都望子成龍，希望自己的寶貝兒子名到公卿。這是人之常情，暫且不談。這裏只談東坡為什麼「但願孩兒愚且魯」，牧齋為什麼「還願生兒獧且巧」。

東坡才高學贍，名滿天下，加上「一肚皮不合時宜」，因而四十四歲時，被鍛鍊入獄，次年貶至黃州，「憂患已空猶夢怕」之餘，開始「閉門卻掃，收召魂魄，退伏思念所以自新之方」，也因此他四十八歲得蘇遯時，他要爲筆舌惹禍，自歎「我被聰明誤一生」了。這樣看來，「但願孩兒愚且魯」恐怕只是東坡一時感憤之言。同樣的，牧齋在生孫愛的前十年內，宦海浮沉，備嘗辛苦。先是主試浙江，場事失察，疑忌環集；後以廷推枚卜革職待罪；「裂麻未是廷臣意，枚卜空煩聖主心」，心情可以想見。四十八歲得子這一年，正是他閣訟初結、南歸故里之時。因此他所寫的洗兒詩，不免要自恨爲人「癡獃」而希望其子「猥且巧」了。這和東坡一樣，都只是一時的憤激之言，都只是當時心理的自然反映而已。

以前，讀這兩首詩，覺得很有趣味，常想做作，以爲續貂。然而當時未婚，何來洗兒之喜？八年前，終於娶妻生子，成「洗兒詩」一首；但心事已異昔時。只願吾兒有東坡作詩之「聰明」，而無牧齋爲人之「癡獃」，如是而已。詩曰：

坡公養子望聰明，蒙叟癡獃誤一生。但願吾兒無愧怍，不須鑽驀到公卿。

吳宏一　文學家，香港中文大學教授

思想的形成

殷海光

我們知道，人是一種有思想的動物。有深高學識的人固然有思想，沒有深高學識的人也有思想。問題不在思想之有無，而在簡單和複雜。有深高學問的人底思想複雜些；沒有深高學問的人底思想簡單些。我們又知道，在這個地球上的人，有各種不同的種族，不同的國別，不同的像貌。同樣，人底思想，有各種不同的類型，又有個別差異。我們幾乎可以說，人有多少不同的像貌，便有多少不同的個別思想差異。但是，在同一類型裏的人，思想又有基本共同的地方。這基本共同的地方是怎樣形成的呢？

第一，宗教。信奉同一宗教的人，大致有同一的宇宙觀、生死觀、婚姻觀，……我們可以知道宗教不止是一種儀式系統而已，它還是深遠地塑造信奉者底思想基型的一種制度。

第二，文化。文化是一種調合模式。它也是人底心智對生活環境長期反應所形成的行爲模式。幾乎所有人都泡在他們由之而成長起來的文化空氣裏。人在文化空氣裏，很像魚在水裏，多不自覺。

第三，傳統。傳統可以是單系的，也可以是多系的。無論是單系的還是多系的，傳統因是綿續的，所以它常成爲思想底軌序。傳統對人思想底支配力之大，在中國極其顯而易見。它又常與祖宗底遺訓密切關聯著。

第四，教育。英國哲學家洛克(J. Locke)說「心如白紙(tabula rasa)」。這話誠然不一定可靠，但是，如果我們把這話改成弱的形式（weak form），說人在年幼時心田比較年長者單純，那麼確乎是不錯的。因爲人在年幼時心田比較年長者單純，所以正好便於塗上五顏六色。人底思想多少受教育決定著。

第五，政治。近幾十年來「人心」變了。熱心政治的人士，看中了教育底這種功效，於是一旦掌握著教育權力，便熱心地拿教育作從根本上塑造下一代思想的工具。結果，一代接著一代，都成了這一政治工廠裏的出品。

——節自「論沒有顏色的思想」　殷海光（1919—1969），哲學家

因果

沈剛伯

歷史上的現象實在是極其複雜，絕沒有一致的趨勢；沒有兩件事是全相同，也沒有兩件事是全相異。

比如拿封建來說吧，中國、西方，都有過封建制度，但彼此絕不相同。且不說東西的時空距離太大，自難一樣；就是同時在歐洲英、法、德諸地的封建，也有許多不相同的情況。古今中外，名稱相同的東西不知若干，表面上也許有些類似之處，細究起來，往往是各不相涉的。我們可以肯定底說，歷史上的現象沒有一致性。

再有一點，人世間的因果關係極難推測，更找不出一種定律。我們知道有因就必有果，但是相同之因卻不一定會產生相同之果。世界上有許多國家都因愛自由，恨專制而進行革命，其動機與目的可說全同，其所獲的結果卻並不一樣。這就好像種田，一樣地努力播種，一樣地施肥灌溉，一樣地除草殺蟲；但將來的收穫也許此地收得多，彼處收得少。佛家的哲人早見及此，乃倡爲因緣之說，謂一切事除了「因」之外，還有各種不同的「緣」。那些緣極爲複雜，有自然的，有人爲的，有內在的，有外來的，有理之或能的，有意想不到的。這些「緣」加上那些「因」纔得到某些「果」。「因」不同，固然是「果」不同；「因」縱相同而「緣」不相同，那所得之「果」仍是不會相同的。人類既不是在一個絕緣體的世界上活動，則自然不會完全受現在普通所謂「因果律」之支配。把因果律用到歷史上去，實在是過於簡單，絕不能作爲推測將來的根據。

有某些史學家要培養歷史的想像力，要我們設身處地，去想像古人應有的言行。這話是言之有理，但是做起來，卻未必便對。因爲古人的環境與我們不同，他們的遭遇同他們的心理自然不是我們能夠完全體會到的。

人的活動包括理智與情感兩種；理智方面，我們也許還可以推測，因爲人同此心，心同此理。至若情感方面的變化，則豈是他人所能盡知？對於同時同地的人來說，尚且覺得彼此都是各藏其心，不可測度；更何況古人呢？

——節自「史學與世變」　沈剛伯（—1977），歷史學家

讀書是權利

王雲五

讀書是一種興趣，孩子們本來自己要去讀書，等於要看電影，讀書是好玩的東西，從好奇心出發，讀書是一個有趣的事情。可是一般孩子們爲什麼對讀書沒有興趣呢？那就是因爲父母管得太厲害，減少了孩子們的讀書興趣。

讀書本來是一種權利，現在卻變成了一種義務。孩子們的父母太愛好，老師太愛好，督他，逼他，不讀書就要挨罵，這樣一來，小孩子就問：「我爲什麼要讀書啊？我爲什麼要爲你們讀書啊？」對讀書有了一種盡義務的心理，在學校讀書讀完了，離開學校之後，義務盡到了，就想到我何必再讀書呢？

我呢，就不同了，有生以來，我讀書的興趣，就沒有受過一點摧殘，並且還加了一點刺激。

我小的時候生活很苦，我爲了要讀書，還挨過罵，一個人挨了罵就要抵抗，我當學徒，工作時候讀書就挨老闆的罵，這我眞該謝謝老闆，他刺激我讀書的興

趣，使我有了反抗心。你不讀書，強迫你讀書，好了，你爲了反抗就不願意讀書。我呢？不許我讀書，我要反抗，我偏偏要讀書。我小時候讀書興趣很自然的沒有被摧殘，再加上刺激和反抗，幾十年來，養成我讀書的興趣，寧可不吃飯，不可不讀書。這樣我在學校讀書還不到五年，但讀書讀了七十年。

我讀書也走錯過不少的路，我在十八九歲的時候，讀過一部英國百科全書。那時候我一半教書，一半當學生，每月有三十四塊錢的收入，這部英國百科全書很大，可以分期付款，每月交十二塊錢，三年多付清，我訂了一部，收入去了一半。我就花了三年工夫讀這部書，除了很少不歡喜的一部分之外，我讀得很仔細。我花了三年多的時間，讀了一部不專門的書，如果把這三年多的時間全部花在專用的書上面，那多好呢！

可見我讀書是沒有方法，養成我一個樣樣喜歡學，讀了許多書，都是不專門，糟蹋許多時間。

——節自「我的生活與讀書」 王雲五（1887—1979），學者，出版家

讀書與寫作

謝六逸

關於讀書，我是主張「立讀」或「行讀」的，能夠「躺在沙發上」讀書，有「佳茗一壺」或「淡巴菇一盒」讀書，那是很好的。可是你們的親長還沒有替你們預備「沙發」和「淡巴菇」時，不如「立讀」或「行讀」的好。或者你們還沒有「富於版稅」之時，也依然是「立讀」或「行讀」的好啊。

在修養的時代，只讀國內名家的創作是不夠的，還得多讀在世界已有定評的各國作家的作品，我們欣賞一種偉大的作品時，就無異和作者的偉大的人格，豐富的素養相親近。不單在藝術方面獲得益處，同時對於如何觀察人生社會，如何思維，也能叨惠不少。

其次是如何寫作的問題。我們應該十分地忍耐與審慎，必觀要寫壞了十幾册的筆記簿，將幾百張的稿紙，寫了又撕，撕了又重寫，始可發表一篇作品。關於

實際的寫作方法，我勸諸君用「卡片制」。讓我們買了若干厚紙片放在抽屜裏，把我們每天的見聞感想，都寫在卡片上。凡是五官所感觸的，直覺所想像的，都得寫上卡片。每天不論寫完幾張，隨手把它放在抽屜裏。日積月累之後，所積的卡片應該不少。在星期六的晚上，把卡片慢慢地整理，眞有一種樂趣。如果要計劃寫一種巨大的長篇，用這個方法蒐集資料，也是頗適用的。我教了五年的書，一向就用「卡片制」蒐集教材，並記錄我自己的研究與意見。在整理卡片時，應該捨棄的陳舊資料，便隨時捨棄；有新穎的資料，便時時加以補充，自問能幸免於「留聲機器」的譏評。這個方法用來練習寫作，在蒐集、整理諸點上，是有效的。不過，卡片制只是寫作的準備，材料準備好了，還得寫在有格的稿紙上。我們平時不可不買一些稿紙，作爲「寫了又撕，撕了再寫」的用途。

——節自「致文學青年」　謝六逸（1896–1945），作家，
曾任上海大學、復旦大學、大夏大學教授

義務與權利

蔡元培

權利者爲所有權、自衛權等，凡有利於己者皆屬之。義務則凡盡吾力而有益於社會者皆屬之。

普通之見每以兩者爲互相對待，以爲既盡某種義務，則可以要求某種權利；既享某種權利，則不可不盡某種義務，如買賣然，貨物與金錢，其值相當是也。然社會上每有例外之狀況，兩者或不能兼得，則勢必偏重其一。

一、以意識之程度衡之：下等動物，求食物，衛生命，權利之意識已具；而互助之行爲，則於較爲高等之動物始見之。昆蟲之中，蜂蟻爲最進化，其中雄者能傳種而不能工作。傳種既畢，則工蜂工蟻刺殺之，以其義務無可再盡，卽不認其有何等權利也。人之初生，原知吮乳，稍長則飢而求食，寒求衣，權利之意識具，而義務之意識未萌。及其長也，始知有對於權利之義務。且進而有公爾忘

私，國而忘家之意識。是權利之意識，較爲幼稚，而義務之意識，較爲高尚也。

二、以範圍之廣狹衡之：無論何種權利，享受者以一身爲限，至於義務，則如振興實業、推行教育之類，享其利益者，其人數可以無限。是權利之範圍狹而義務之範圍廣也。

三、以時效之久暫衡之：無論何種權利，享受者以一生爲限。卽如名譽，雖未嘗不可認爲權利之一種，而其人既死，則名譽雖存而所含個人權利之性質，不得不隨之而消滅。至於義務，如禹之治水，雷綏佛（Lessevs）鑿蘇彝士運河，汽機電機之發明，文學家美術家之著作，則其人雖死而效力長存。是權利之時效短而義務之時效長也。

由是觀之，權利輕而義務重。且人類實爲義務而生存。

惟人之生存，既爲義務，則何以又有權利？曰：盡義務者在有身，而所以保持此身使有以盡義務者，曰權利。如汽機然，非有燃料，則不能作工。權利者，人身之燃料也。故義務爲主，而權利爲從。

——節自「義務與權利」 蔡元培（1868—1940），教育家，曾任北京大學校長

充實生活

李辰冬

「文學是生活的表現」，這是公認的眞理。文學旣是生活的表現，那麼，要想當文學家，就得先有生活；所以怎樣得到生活，這是培養文學家的最基本工作。如果沒有生活，不要說當不成文學家，就是想研究文學或欣賞文學也辦不到。古人說行萬里路，讀萬卷書，纔能寫出好的文章，試問你沒有行過萬里路，讀過萬卷書，你怎麼能研究或欣賞行過萬里路，讀過萬卷書的人的作品呢？

或許你們要講：我們天天活著，怎能說沒有生活？生活不就是活著麼？不是的，生活是生活，活著是活著。生活是理想的，熱情的，奮鬥的；而活著僅是行尸走肉，除飮食男女外，毫無理想，毫無熱情，毫無奮鬥。

要想獲得生活，第一得有理想。理想是生活的指路標，也是生活的指南針。沒有理想的人，生活的方向是不定的，是動搖的。我們常說：「人要立志」，立志就是立定自己要走的方向，方向定了，走起路來才不會迷誤，才不會半途而

廢，才會有成就。

然而要立怎樣的志呢？要有怎樣的理想呢？我想你們有許多人要問這樣的問題。這個不能一概而論，要視自己的性格與環境。理想的決定，由於事實的需要。不過一個人的教育程度愈高，則他的理想愈遠大。理想是逐漸形成，逐漸遠大的。

有了理想，有了志向，那麼，第二個步驟就在實踐。理想不過是一個虛懸的目標，你得去力行，去實踐，才能達到這個目標。當你實踐理想的時候，自然就產生了生活。

有了理想，有了實踐，不見得就能成功，還得加上第三步工夫——毅力。所謂毅力，就是堅忍不拔，百折不撓的意志。也祇有在困難重重，艱苦萬端之下，而仍能克服困難，茹苦含辛，才更能顯出一個人的意志，一個人的毅力。意志愈強，則感受的困難必愈多；感受的困難愈多，則生活經驗必愈豐富；生活經驗愈豐富，則對人生的認識必愈深刻；對人生的認識愈深刻，則他的作品必愈深刻。

——節自「理想、生活與文學」 李辰冬（1907-1983），評論家，曾任師大教授

情愛與文學

周伯乃

人所以能超越於其他動物，因爲他具有超越於其他動物的理性、情愛和智慧。理性使他能辨別是非、善惡；情愛使他懂得與人相處之道；智慧使他創造歷史和認識歷史的教訓，而同時又能接受歷史的教訓改變自己，使自己適應生存的環境。

德國精神分析學家佛洛姆（Erich Fromm，1900—）說：「情愛是希望和另一個人完全融洽，完全合爲一體的欲望。」在原始的情愛方式上是唯慾的滿足，完遂性的發洩爲其最終目的。但是，當人類逐漸有了文明的進化以後，情愛便不單純是爲了完遂性慾的發洩，而是冀圖透過肉體上的媾合去消弭個體的孤絕感和疏離感。人與人之間的陌生和冷漠，是由於個體的孤絕和隔離所形成的。然而，任何一個人都不可能永遠處於完全的孤絕情境中。他的生存，是因爲有與他共同

存在的世界，才能顯示他生存的意義。所以，個體的存在，是沒入於羣體之中。換句話說，個人的存在，是因爲有羣眾的存在才產生存在的意義。一個人如何與其所生存的環境取得和諧，是最爲重要的。人文倫理的最高價值，不在於個人的否定，而在於自我的肯定。在自我肯定的過程中，人是在不斷地自我實現，和對自己的生命作價值判斷。

對生命價值的判斷，是因人而異的。有的人以追求物質的滿足，爲評估標準；有的人以創造偉大的藝術作品爲終生職志；有的人以馬革裹屍戰死沙場爲榮；有的人以住華屋乘豪華轎車爲樂。各人都有各人對生命價值觀念的評鑑尺度。而我個人是比較重視精神生活。我認爲一個人畢生要擁有完美的愛情和輝煌的事業。我的事業，是期待有豐碩的文學創作，而文學創作，必須有熱烈的情愛作原始的衝激力。

我不否認，我是依靠情愛活著的男人，但我更需要文學來輝煌我的生命，延續我的生命。所以，我必須擁有情愛與文學。

周伯乃　作家

藏書與讀書

陳佩璇

躺在牀上，眼睛逡巡著排排站立堆疊在書架、書櫃上的羣書。腦海裏爲它們估量著數目，數百本?幾千本?不，一定超過萬册，也許十萬册……如果連每月雜誌都算入，那又何止呢?算著、算著，我跌入書海迷宮中，我發現那些藏書是無法報出正確數字的。

向來愛買書，又嫁給了愛看書的人，兩個人的工作亦不外是終日在書堆裏打滾打轉，相加相乘的結果是：一屋子的書泛濫成災。客人來訪時要速速地收書藏書；要寫字時，桌面需要剷除書患，才有一塊明淨的地盤可以利用。

這兩三年來，發現上了小學的兒子，赫然也是個書獃子、啃書蟲，一面穿襪子，一面吃生力麵，仍是手不釋卷。爲了滿足他的求知慾與好奇心，做爸媽的我們，又是成套成疊地爲他買。這下子「書災」就更加泛濫了。

家裏沒有地方擺酒櫃，壁上嵌的是書櫥，陸續買進來的也是爲安頓書籍的書

櫃。小偷若是不小心撞進我們家來，除了書以外還是書，實在沒有什麼其他值錢寶貝可偷了。

盯著書、想著書，突然自問：這麼多的書，你究竟看完了多少？九成？一半？……想著想著，我忽而心慌起來，我不知道，我眞的不知道，也許連一半都不到呢？我開始憂愁起來……

一個人若是平安無病痛，一生的年齡以七十計，此時的我正是在快要走到一半的階段，如果我一個星期在繁忙的工作之餘，可以確確實實地讀完兩本書，一個月可讀八本，一年不過是九十六本，在出版速度如此迅捷，各類知識爆炸的現代，這個數目實在是不能讓人滿足的。反過來想，如果我連區區兩本都無法完成，那麼，我的成績和收穫勢必要更微小了。

想到這兒，我陡地從牀上彈起來，就從此刻開始吧！拾取零碎時間，不拘是等車、洗頭、陪孩子……積少成多，能看下多少書就看多少吧！開始去做總比只想不做好！

陳佩璇　作家，「傳神工作坊」負責人

我之於書

夏丏尊

二十年來，我生活費中至少十分之一二是消耗在書上的。我的房子裏比較貴重的東西就是書。

我向無對於任何一問題作高深研究的野心，因之所買的書範圍較廣，宗教、藝術、文學、社會、哲學、歷史、生物，各方面差不多都有一點，最多的是各國文學名著的譯本，與本國古來的詩文集，別的門類只是些概論等入門書而已。

我不喜歡向別人或圖書館借書，借來的書，在我好像過不來癮似的，必要是自己買的才滿足。這也可謂是一種占有的欲望。買到了幾册新書，一册一册地加蓋藏書印記，我最感快悅的是這時候。

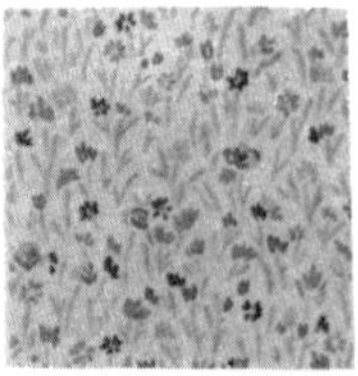

書籍到了我的手裏以後，我的習慣是先看序文，次看目錄。頁數不多的往往立刻通讀，篇幅大的，祇把正文任擇一二章節略加翻閱，就挿在書架上，除小說外，我少有全體讀完的大部的書，祇憑了購入當時的記憶，知道某册書是何種性質，其中大概有些甚麼可取的材料而已。甚麼書在甚麼時候再去讀再去翻，連我自己也無把握，完全要看一個時期一個時期的興趣，關於這事，我常比爲古時的皇帝，而把挿在架上的書，譬諸列屋而居的宮女。

我雖愛買書，而對於書卻不甚愛惜，讀書的時候，常在書上把我所認爲要緊的處所標出，線裝大概用筆加圈，洋裝書竟用紅鉛筆劃粗粗的線。我看過的書，統體乾淨的很少。

據說，任何愛吃糖果的人，只要叫他到糖果舖中去做事，見了糖果就會生厭。自我入書店以後，對於書的貪念，也已消除了不少了，可是仍不免要故態復萌，想買這種，想買那種。這大概因爲糖果要用嘴去吃，往往擺存毫無意義，而書則可以買了不看，任其只管挿在架上的緣故吧！

夏丏尊（1886—1946），作家

讀書與求學

孫伏園

四十歲以上的人，每把求學叫做讀書；這讀書，也就是四十歲以下的人所稱的求學。

理由是：四十歲以上的人，一說到求學，即刻會引起他那囊螢，映雪，窗下十年的讀書生活，所以他以爲書中自有黃金屋，書中自有顏如玉，讀書以外無求學，要求學惟有讀書。而四十歲以下的人，在他們年幼的時候，新教育已經發現了曙光，知道求學不必附於讀書，於是輕輕易易的，把年長者認爲讀書這件事，用求學兩個字來代替了。

拿小學校來講。校內功課共有七八種，國文只占七八種中之一種；國文之中，造句也，綴字也，默寫也，問答也，而讀書又只占四五種中之一種。中學大學也如此，有試驗室，有運動場，有植物園，有音樂會，有各種交際，種種分子湊合而成爲所謂求學，讀書更是其中的小部分了。

有的前輩先生說：學生只准讀書，不准做別的事。試設身處地一想，青年學子要不要怒髮衝冠，直罵他爲昏庸老朽！因爲青年一聽見他這句話，立刻就要想到，「然則我們踢一腳球，走一趟校園，拿一支試驗管也犯罪了，這還成什麼世界！」其實呢，前輩先生口中的所謂讀書，有一大部分也無非是求學，不過在他們壯年的時代，讀書以外的求學確是少有罷了。

這兩個字的關係並不很少。因爲專心讀書，第一，得不到活的知識。凡書上所有，雖假也以爲眞，反之則雖眞也以爲假，這是讀死書的先生們的普通毛病。第二，身體一定不能健康。所謂求學，是遊戲與工作間隔著做的，則其所學必能格外純熟。因所學純熟而得到精神上的安慰，因精神上的安慰又影響於身體上的健康。所以專心讀書的人決不會有健康的身體的。第三，專心讀書的人一定不能在團體中生活。

再過五十年，我相信卽使是白髮老翁，也只有勸人好學，萬不會再有人勸人讀死書了罷。

——節自「讀書與求學」　孫伏園（1894—1966），作家

不滿意的啟示

宋龍飛

「不滿意」三個字，是非常情緒化的字眼，它表露的時機和因素，往往因時、因人、因事而異，因此它的含義，亦常常具備正反兩面雙重的表徵；有人對工作環境不滿意，有人對生活品質不滿意，有人對周圍常接觸的人與事不滿意，種種的不滿意，積壓在胸中，久而久之，便產生強烈影響自我意識的心態。

往壞處想，「不滿意」三個字，它可以使人終身消沉並產生憤懣、仇恨的情緒。往好處想，它卻可以激發人們的生命潛力，進而奮發向上。論語所謂「不憤不啓」，便是說：「自己不想奮發向上的人，便不必去啓發他。」想得而心力不足所形成的不滿意心態，如能加以適度的啓發開導，不滿意的情緒，可化爲力量。想得而又不自知努力，其結果必將是注定失敗。

「不滿意」決不是代表失望和絕望，相反的它卻是一種希望和理想的象徵。

當你對事務、人世感到失望、厭倦時，你是否也曾懷抱過希望和理想，而願意盡

其可能的將這種失望、厭倦的心理扭轉。如果你仍存有扭轉乾坤的意識，那便是你解脫失望、絕望和厭倦的先兆。

當你對工作不滿意時，你是否曾想過，那是爲什麼？

當你對升遷不滿意時，你可曾想過，那又是爲什麼？

對於發生在周遭種種的不滿意，如果你能找到癥結，去將它一一克服，你的憤懣、怨懟，將隨著你的努力而煙消雲散。

對周圍的一切有不滿意的想法產生時，同樣的，別人也會對你的行爲、表現感到不滿意；當你的上司對你的工作表示不滿意時，那僅僅是輕微的警告！如果他對你的作爲發出「非常不滿意」的表示時，那是向你提出嚴重警告，假若能因此激發你的良知，下定「全力以赴」的決心，那是你施展抱負，展現理想，邁向成功最好的機會。

有什麼比此時得來的更甘美？還有什麼「不滿意」會讓你的情緒消沉呢？

宋龍飛　藝術家

性•色•美

張深切

聖人大概都不喜談「色性」的問題，我們要從所謂聖人的著述中，去找與色性有關的文字，是很難很難的。孔子好像不大喜歡女人，他去周遊列國的時候，有沒有帶他的太太，或去逛過窰子，這我們無從獲悉；不過我想，大概是沒有的。因爲他對女人似乎沒有好感，所以他說：「唯女子與小人難養，近之則不遜，遠之則怨」，況且他又常要怨嘆：「吾未見好德如好色者……」。由此也可以推想他沒有逛過窰子，也不會帶太太去旅行。

性就是天性，也就是本能；我們對這本能，應當要有充分的認識和硏究，纔能了解人生的意義。只爲了聖賢之所不齒，兼之因爲受僞道德養成的羞恥心，使我們不敢公開談論；一談便會被人斥爲猥褻，不害羞，還要受人卑視。可是一在私談的時候，無論貴賤，都談得娓娓不倦，好像沒有比這更高興的了。最近外國的新進教育家，對於性的教育異常重視，逐漸開始性的教育，似乎對性的理解已

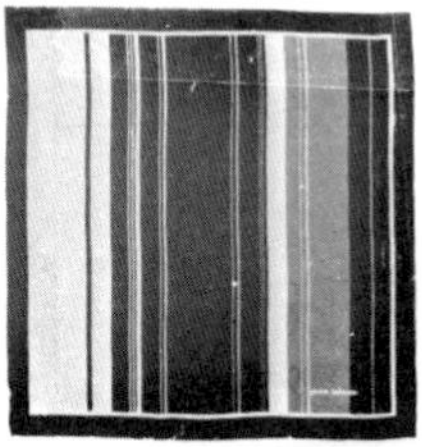

有相當的進步了。

性，色，美，這都很有密切的關聯。性不能離色，色不能離美，這大概是很平常的通俗觀念。

美的魅力那麼偉大，到底美的標準是誰規定來的？什麼型，什麼色的叫做美？文明人大體都以鼻目、嘴、耳、輪廓、體格端正四配而色白的就算美；美裏頭又再分正美、邪美、野美，按其端正以外，另審其型狀顏色而決定其優劣。然而標準美人以外的，一般都說是「蘇州眼鏡」由各人的好惡去自由選擇。

反覆言之，性者性也，性爲要調和分泌，維持生育。假如人類沒有了性慾，便早已滅亡，無復有今日的世界。性就是人類的玄牝，唯有這玄牝，始能生存，離開了玄牝，便沒有生物。可見性在人生的一個道程上，占有極重要的地位。至於色相的問題，那是等於「空」，我們不必爲此煞費心思、煩惱、苦悶、焦急；須以合於「性」爲美的標準，不合於性的爲醜的準則，唯如此，方能找出人生眞實的意義。

——節自「色在人生的地位」　張深切（1904-1963），作家，思想家，曾任北平藝專教授

談說謊

吳魯芹

說謊不是好事，但有時也不可避免。偶爾說一兩句無傷大雅的謊言，若也算是罪惡，普天之下，淸白的人就很少了。

自詡生平從未說過謊的人，一定是個騙子，因爲他對自己都不誠實。不久以前，美國有本雜誌，分門別類，列舉了幾十個問題，測驗一個人究竟「成熟」(Mature) 到什麼程度。其中有一項：「你相信你有生以來從未說過謊麼？」若有人天眞瀾漫，在答案上寫個「是」，這一題他就得不到分；距離「成熟」的階段，也就遠了一步。說生平不說謊，等於說生平不做夢，實在叫人難以置信。

說謊可是人類與生俱來的壞習性之一，如好色，如貪嘴。這種壞習性在某些人身上是顯性的，在某些人身上是隱性的。程度深淺，因人而異，但絕跡是很難

的。照十六世紀英國學人海武德（John Heywood）的理論，不說謊的只有兩種人：一是智力商數特低的白痴，一是在牙牙學語的幼兒。如果允許我加註腳，我要說白痴和幼兒，非不爲也，是不能也；決不是他們得天獨厚，可以免疫。

平心而論，純爲說謊而說謊，與存心欺騙的說謊不同，也不該受同一待遇。凡損人利己，或者損人未必利己的謊言，是大謊，是不可寬恕的罪惡。無害於人，可以自娛，亦可娛人的謊言，說時，或爲緩和對方的不安，或爲減輕自己的窘相，我們可以名之曰小謊。說得恰到好處，且是一種藝術。

在日常生活中，顢頇的上司，最易聽信善於朦混的部屬的謊，溺愛的父母，最易聽信寵壞了的子女的謊；戀愛期間的窈窕淑女，最易聽信好逑君子的謊。女人們從荳蔻年華無邪的時代開始，直到中年，直到中年發福不再窈窕爲止，似乎變化多端，唯獨有一件事一成不變，那就是相信謊言。「乞丐的歌劇」作者蓋・約翰（John Gay）曾有妙句云：「男人說謊，女人信謊。」人間的許多熱鬧，說不定就得力於這樣的分工合作。

——節自「談說謊」 吳魯芹（1918-1983），散文家，曾任職美國新聞總署

出國如出閣

葉　蘋

人的情緒有時很矛盾，常常會在同樣的一件事上有兩種相反的感覺，最顯明的例子，就是從前的女兒出閣和現在的子女出國。

女兒出閣本來是人生的大喜事，全家都應該快樂的，可是每到喜期前夕，做母親的想到女兒從此將是別家的人，不但不能再依偎膝下，並且要到一個陌生的人家一起過日子，心裏既捨不得，又有些擔心；做女兒的，想到從此將遠離自己從小長大的家，不但不能再晨昏侍奉雙親，並且還要單獨去面對一個完全陌生的環境，將要侍候一些根本不瞭解的人，能否盡如人意，實在沒有把握，心裏自然也會感到惶恐不安。

現在的子女，尤其是女孩子，出國深造本來是很好的事情，但因爲女孩子感情比較脆弱，情緒也比較不穩，雖然在大學畢業後，也會像男孩子一般要想追求更高深的學識，看看更廣大的世界，但當眞的辦好了一切手續，到了飛機場的時

候，就會戀念起父母、家人和知交好友了。就是做父母的，當初是想盡方法，要把子女送出國外，可是在一切定當之後，心裏又捨不得他們走了，在機場上，我們經常看見哭得兩眼紅腫的母親，強作歡笑的招呼著前去送行的親友；或是戴著墨鏡的大女孩，在飛機起飛前的一刻，還是伏在父親的肩膀上嗚咽不止，不忍離去的。

實際上對女孩子而言，出國也等於出閣，她們出去了之後，很可能就遇到適當的對象。在外國結了婚，如果對象是本國人，將來還有希望回國定居，如果是外國人，再相見的機會就更少了，就是能夠再回來，相聚的日子也是極有限的，因此，當女兒出國的時候，就無怪做父母的更是捨不得了。

一個人最幸福的日子，是在父母照顧之下所過的日子，世界上最溫暖的地方，就是父母所在的地方，我們已做了父母的，自己都是過來人，相信很少人會否認自己生平最快樂的時光，就是在父母跟前的時光，既然如此，我們又爲什麼不把兒女在身邊多留一點日子，讓他們多享一點眞正的人生幸福呢？

——節自「出國如出閣」　葉蘋，散文作家

生活樸實•精神超凡

郭維租

古來，東西方的賢人都提倡「生活樸實，精神超凡」。這是很有道理的。太過注重物質，總會忽略精神的價值。

我們日常生活上，最常見的浪費和舖張是宴會和喪禮。滿街林立的餐廳，大都生意興旺，食客滿堂。大家眞的那麼有錢、有必要吃那麼多？卻也未必。吃得太多，食費往往占去總生活費中的一大半；營養太多又不平衡，不但不必要，還有害於健康。

至於喪禮，一個普通人家往往墓地幾十幾百坪，花圈花車有如長龍，在外國人眼中，像是國葬。人一旦辭世，靈歸天，肉歸土，儀式以隆重莊嚴，以哀傷懷念的氣氛爲宜，愼終何必以熱鬧豪華來表現？紀念故人實是重在心意。

爲了不被埋沒在豐富的物質生活裏，人，必須樸素踏實，而精神超凡脫俗。

什麼是超凡脫俗？就是活得有理想、有目標，抱著堅強志氣，不斤斤計較私

人的名利，任勞任怨，追求公義和平。

史懷哲博士在年輕時已獲哲學、神學、醫學三項博士，又是名音樂家和一流大學教授，可是他不顧家人親友的反對，毅然放棄文明世界的一切榮耀和舒適的生活，而到酷熱的赤道非洲密林建設醫院，爲黑人服務。他的「尊重生命」的哲理和實踐，得到世人的肯定，獲得諾貝爾和平獎時，全世界的人無不感動。我們由他身上看到「生活樸實，精神超凡」的最好典範。

今天我們社會繁榮，生活豐富。可是其中也不無隱憂，如職業道德的墮落，公害的增加，經濟犯、搶刼、兇殺，層出不窮。這種社會風氣，不知不覺中正迷惑無知年輕人，而這些橫行天下的大惡人，他們並不是眞的生活過不去，而是不務正業、花天酒地、醉生夢死，他們實在是社會的害蟲。

我們衷心嚮往大同世界，此一理想的實現，最基本的，是要從教育、家庭、學校、社會，都來實踐「生活樸實，精神超凡」。您說是嗎？

郭維租　東京帝大醫科，醫師，中華民國
史懷哲之友會會長、痲瘋救濟協會會長

垢與淨

奚淞

舍利子！是諸法空相，不生不滅，不垢不淨……

——般若心經

下午五點多鐘，先生孩子都快回家了。馬太太是個賢妻良母，又有極端的潔癖，平生最大的志願，就是要建立起一個明亮、潔淨的小家庭。

垃圾車來收垃圾之前，是她一天之間最忙碌的時間，她抹桌掃地，從客廳一路清理到臥室、廚房，心裏怨恨著窗外飄進來的落塵，又抿著嘴，惡狠狠清除廚房裏的菜皮、剩菜、剩飯與一切油垢汚痕。她戴著塑膠手套的手，一下子把四處都打點得煥然一新，可是卻弄出足足有一隻小肥猪那麼大的一袋垃圾。

如果計算這袋廢物的內容，大概包括有七八個略爲過熟的梨，昨天吃剩的半條黃魚和三碗飯，七隻易開罐的汽水瓶，大桶沙拉油的塑膠罐，以及買菜購物拉拉雜雜用來包東西的二十多個大小塑膠袋……

「哎——」馬太太正用抹布拭擦冰箱時，忽然看見冰箱底下蹣跚爬出一隻蟑螂。馬太太恐懼、厭憎得渾身汗毛直立。她拿起身旁掃帚，對準這可厭的昆蟲揮

打，直打到牠變成扁扁的、肚腹朝天的死物。「我絕絕對對、不容許、家裏有任何一隻、骯髒的、蟑螂存在！」這是馬太太對全世界宣告的誓言。

六點鐘，垃圾車來了。馬太太把一大袋垃圾，連帶一隻蟑螂的屍體送走。她不由得吁一口大氣，癱倒在沙發裏。好一會兒，她意識到一切污垢與陰影都已遠離，家裏恢復光明潔淨，才開開心心的迎接闔家團聚的夜晚來臨。同時，在這都市裏，層層疊疊的公寓家庭，千千萬萬像馬太太一樣的賢妻良母，都也把家裏打點得乾乾淨淨。而千萬袋骯髒的垃圾都已被送往近郊的垃圾掩埋場。

夜晚降臨，都市亮起繁星一般的華光。而在近郊，高聳的垃圾山上，蟑螂醒來了。牠爬上爬下，顛倒舞弄著鬚足。腐臭的瓜果是牠溫暖的家，蓊鬱的臭氣是牠享受的自然芬芳，在這裏，牠將延續曠古以來的生命，建立起宏偉的大家族，直到千秋萬世。

蟑螂高高站在垃圾山頂，向夜晚的都市示威：「總有一天，這座用塑膠袋、易開罐、腐菜、爛肉堆成的山會崩塌，淹沒這城市。到時候，我、蟑螂、絕絕對對、不容許一個、骯髒的、人類存在！」

奚松　作家

經濟生活

雷 驤

重讀久遠以前友人的信札，常使我喜悅。但是下面的這一封，每每令我陷入痛苦之境。

「吾友：假使你現在手頭並不太緊，希望還我那三百元的借款。我寄存妻子那邊的六百五十元，正等著你的還款來補足，一併歸還我的母親。

「你知道這筆錢是不能久欠的。我本應在會面的時候提出，但怕有點損及氣氛。畢竟討錢是一種敗壞心地的行爲。」

自我能發出一些欲望的年紀，便感到浮生之不悅，因爲有著種種囿制的緣故。漸長以後，察覺那囿制逐漸明晰起來，卽是經濟的囿制了。

對於「營生」這一項能力的培養，至今才驚覺自己是如此缺乏。對我來說，教育曾施予我的助益，像更適合施予那有貲財的、有領地的子弟們，是一種消閒的知識罷了。或許還包含一些，爲維護某個腐朽形體的外貌，而作的精神的鍛鍊。我揣測在彼種教養形式下成長的大多數人——像我一般的好人，在他們迫得

自營生計的同時，即被奴役了。

回想初初被委派一件差事，估算自己能得多少月俸的喜悅心情，是極其短暫的，在次一刻，便悉數支配在基本需要上，而一無所餘了。實在那俸給，已註定擔當那職位的人全部的生命形態了。

所謂獨立的判斷，悠遊的創造意志，無論如何必須退於附庸的地位，沒有一定程度的經濟條件的人，是無法從事謀生以外的目的，他的畢生，僅是被驅使著罷了。

當有人發起攻訐資本家的時候，那切身的感覺，往往總引起人們的激情。原來，生活被支配的人眾，大概常是多數吧。

金錢的價值當是最鮮明、且肯定不移的。我們看人犯在審訊調查當中，可以交付司法者若干款額，便可作爲不致逃遁的保證。有些罪失，在定讞之後，仍然以罰鍰替代拘禁或勞役，並不論那錢額之對於個別的受罰者不同的價值。

從種種實象看起來，經濟能力被視爲人格之一部分，想是無疑義的了。

雷驤　畫家，作家，「映象之旅」「美不勝收」節目企劃、編導

我的祖母

林佛兒

人到中年，經歷了許多的滄桑和挫折，因此，事事都看開了，連做夢也少了，不像青少年時代，夜夜有夢。

可是近日來，接二連三的在做夢，夢中都是追憶一些兒時和故鄉親切的事和物，其中常使我從夢中哭醒的，是已逝世十多年的祖母那顫巍巍的慈祥的影像。

我生在臺灣南部濱海的鄉下，是對雙胞胎，母親留下碩壯的老大，把我這個先天不足的么兒丟給祖母，父母親又因爲在外面流浪，所以從落地以後，我便由當時已經五十六歲的祖母兼代母職，用煉乳撫養長大。

祖母是一個舊式的女人，纏著三寸金蓮，不識字，思想閉塞，但是她不僅盡了母職，也承襲了中國傳統婦女任勞任怨、無私奉獻的精神。

從出生到我長成青年的二十多年的歲月裏，祖母在我印象中，除了慈祥，還是慈祥，除了和藹，還是和藹。

然而有些給時間塵封了的，或隨歲月而暗晦了的記憶，愈來愈鮮明；像一面

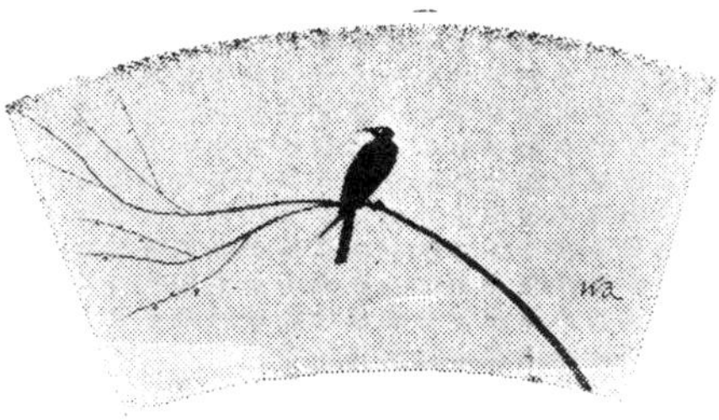

古老的鏡子，幾經擦拭，它便清晰地顯映出來。

——那些是我的童稚，一個剃光頭的小不點，依偎在祖母的懷裏，吸吮著乾癟的乳頭；那是在炎熱的夏天，在紅瓦厝屋前的龐大芒果樹蔭下。

——冬天的寒夜，緊挨著祖母，眼睛盯住牆上冉冉搖動的煤油燈火，聽著祖母嘴中的「虎姑婆」，既驚且怕，卻充滿了好奇和樂趣。

颱風大雨過後，村子裏淹了水，祖母便揹著我到學校去上學，被同學指指點點。小時候的我，眞是享盡了她的疼愛。

然則，歲月無情，祖母在這個世界煎熬了八十二年，在還未得到我的奉養和感恩之前，便撒手而去。在臺北接到電報回鄉奔喪的時候，我是一邊看著車窗上臉頰的淚痕，一邊思索著祖母的慈容責備自己，就像現在，以及幾月來，在夢中、在思維裏，一直不停地出現的那一張佈滿皺紋的臉龐，略帶苦澀，卻洋溢著無比的堅毅。

那就是世界上我最敬佩的一個偉大的女人，我的祖母。

林佛兒　作家，不二出版社發行人

啊！林肯先生

包立漢

我是個美國人，可是卻在臺灣住了二十年。

我主修的是心理學和東方文學，但對歷史也很感興趣，不過我並沒有對那一位歷史人物特別「鍾愛」。直到自己有機會演出話劇『林肯先生』。

為了演好『林肯先生』，我努力研讀劇本，並收集和閱讀一切有關林肯的資料，結果是，話劇落幕了，而我研究林肯的興趣卻沒有結束。

中國人說「走火入魔」，我想就是有那麼點味道了吧！

對於一個反對戰爭，卻一直處於不和平中，站立在那兒，用世間的大愛，不讓自己的同胞、國家分開，亂世中有擔當的偉人而言，這樣的景仰是恰如其份。

林肯之所以能夠成為一個大政治家，除了擁有偉大的思想外，在待人處世上實在也有一套「能耐」。

——他可以使不喜歡他的人，因爲他的「誠懇」而變成自己親密的朋友。

——他可以使人相信，也許他得罪過很多人，但都不是故意的。

——他可以在眾人都說他「家有惡妻」時，卻從不批評自己的妻子一句話。

——他不用別人的話，而自己「發明」了許多詞彙，並且表達成爲格言。

看看！林肯是不是在平實中表現了他不平凡的一面，處處顯露出十分誠懇，十分親切的態度，以及博愛的心懷。

林肯當然不是聖人，但他是偉人；我們不是偉人，但可以自我期許，期許接近那最完善的。

他曾說過這麼一句頗堪玩味的話：「我們天天都在縫製自己過世後穿的衣裳。」

我拿這話提醒並期許自己。

包立漢，美籍學者、傳教士
曾任教中原大學、陽明醫學院，現爲臺北美國學校董事會會長

畫境探索

楊霞夷

我們偶爾會聽到別人讚美一幅畫，說這畫的境界如何高遠；有時，也會聽到朋友說某地的景色如畫。所謂畫境，大概意爲「畫中的境界」及「如畫一般的境地」吧，指的都是一個完善美好的空間。

畫中的境界，乃繪畫越過了早期「設色」「存形」的功能，邁步到透過有形的畫面來表達一種無形的意念。通常以「脫俗」「高遠」來稱頌畫的境界，似乎是離開常俗愈遠則境界愈高，但只有少數畫家具此功力，普通人不僅無法做到，甚至有賴藝評家的解釋才能領會。

而如畫一般的境地，是一種美喻，各憑喜好而定。周濂溪的「濂溪書堂」任草木長滿門窗，他的朋友建議他修剪一部分，該長的長、該短的短就更好了；而濂溪卻堅持不加修飾才好。可見他兩人對「造境」的觀點有差異，個人的自我意識，別人不一定會認同的。

畫境，一個完善美好的空間，難道只能憑主觀的想像而無客觀的條件嗎？可

不可能維繫一個共識，讓大家來分享其中的妙趣呢？

無門禪師有首詩：「描不成兮畫不就，讚不及兮休生受；本來面目無處藏，世界壞時渠不朽。」以此詩來說明畫境，倒挺合適。

他認爲：畫境實非任何語文圖畫或讚喻所能表達無遺的，這個境地的自然面貌，從無保留或隱藏，一如莊子的「藏天下於天下」，它是與虛空同存並在的，雖然世界日漸敗壞，而它仍完好如初；祇是人們隨著環境的變遷，變得竟然不認識它、得不到它了。照他的說法，畫境，這個完善美好的空間，非出自於畫面或特定的地方，也毋須專家作解釋，絕非少數人的專利品；它是屬於大家的，每個人都能自由進入去享受的。

畫境究竟在那裏？無門另有一首詩說：

「春有百花秋有月，夏有涼風冬有雪；若無閑事掛心頭，便是人間好時節。」

畫境原來就在我們心裏，只要你喜歡，別無牽掛，那麼年年月月，都可以儘情徜徉在畫境中。朋友，您說是嗎？

楊震夷　本名楊濟賢，畫家

筆墨人生

陳朝寶

多少年來，我始終懷著這樣一份深切的理想——不是泥古，不是化今，更不是超現實，而是——畫出眞正屬於我們這個時間、空間的「中國畫」。

漫畫、陶雕、揷畫均爲我藝術生活層面的一部分，漫畫可以適當而具體的表現出斯人、斯事的正、反兩面；可發人之省思，激人之憤慨，更能令人捧腹大笑，拍案叫絕，其任務爲反應社會並諷刺與點醒世界之芸芸眾生，不僅有啓發性、知識性，兼具創作性。我必會手執漫畫之筆，對此生有個交待！

由於我學的是國畫，對它的感情，該怎麼說呢？「驀然回首，伊人正在燈火闌珊處」的意境吧！尋尋覓覓，年輕的歲月經得起幾回虛擲？很多很多個寂寞的夜晚，我面對著畫紙，不斷創作，獻身藝術的狂熱之夢，不停地向自己挑戰，要去開拓自己的繪畫生命。

繪畫的領域，無拘無束，但接受國畫及西畫素描技巧的啓蒙之後，我仍對水墨傾心——那乾濕濃淡運筆的輕重，那獨特的留白，都足以表現繪畫中的最高意

境。可是今天的國畫家，如果一味的翻版複製古代山水、花鳥，技巧上或可上追古人，對畫家個人與藝術本身卻毫無價值。畢竟疏離、冷漠已不符合現實，藝術應是時代的，應普及每一階層，而不該成爲宮廷玩賞或奢侈富豪的炫耀品。

現代中國畫，應有怎樣的面目呢？既應承襲舊有山川文物的典範，更引渡西方繪畫中素描技法，但將中國的血肉情感，藉著中國筆墨反應現處的時代環境，這才能給中國現代畫壇帶來一股新的活力！廿世紀的中國畫，不是在歐洲、美洲的「古董」或「陳跡」，也不是拍賣市場中過氣兒的「明星」，「咚」一聲中，大槌敲下，漫天叫價聲裏，將千古歲月的遺痕在淚眼中，望盡輾轉於洋人手中！

我們摯愛的故國山河，不需在夢裏等，這一代有良知的藝術家，必定會爲現代中國畫，爭取在世界畫壇中的永恆地位。縱然後浪推前浪，唯有求新、求變，卽使滿腔苦悶，仍要摸索著勇往直前。

我將堅持對美感的追尋和道德勇氣，舉著藝術良知的筆墨，終我一生，畫下對人生的謳歌。

陳朝寶　國畫家，漫畫家

持續的認真

林文月

我並不是一個很有野心的人，也未必是一個很有計劃的人；說實在的，我的所做所爲，幾乎都是出於一種被動的安排。假如說在過去的歲月裏自己有一些什麼成績的話，大概是由於我至少有一個優點，那就是：如果我答應了別人什麼事情，一定會如期實現，而且盡力做好。拖延時間是我所討厭的，敷衍了事也是我所不習慣的，對人對事誠懇認眞，是我的原則。

我自知這樣的處世態度未免有些消極，因而在遇事須做選擇時，常有兩個考慮：一個是對人方面，我決不答應自己能力所不及的事情，以免屆時無法圓滿達成任務；另一是對自己的要求，人生不過數十寒暑，而一個人的精力也很有限，倘使所做的事情沒有鞭策自己進步的因素，則不啻重複原地踏步，所以在許可的範圍中，我儘量挑選較困難的工作，這麼一來，在我完成工作的同時，也就表示克服了困難，則不但對別人有所交代，對自己而言，也在比較消極被動的處世態

度中，獲得一份成就感的安慰。

以上的道理，我可以用前些年翻譯日本古典文學鉅著「源氏物語」的過程做例證來說明。在一個偶然的機會，我試譯了那本千年前名著的第一章。譯文刊出後即獲得讀者與雜誌編輯室的熱烈反應，希望我把全書譯完。當時我對這樣浩瀚的工程不無猶豫，一方面擔心時間和精神的問題，因爲我的正業是在大學中文系教書，而雜誌連載是必須要每月如期繳稿的，我得在不影響授課的情況下兼做譯書，自己是否能夠持續有恆？實在沒有太大把握。另一方面，我對自己只正式讀過五年日本小學的語文根柢，也多少擔心著。不過，這倒是一項頗具挑戰性的工作，所以終究答應下來。

既然答應，便不必多做猶豫和顧慮，我對自己許下誓願：克服一切困難，決不要有所延誤！於是，盡可能蒐購此書的各種版本和參考資料，不足的設法去圖書館借用。我把授課與家務以外的一切時間都支配給翻譯的工作，晝思夜念，只爲一個目標。在這樣有恆認真的五年鞭策下，遂告完工。

林文月　文學家，臺大中文系教授

捏黏土

鄭清文

最近讀到一段文章，說畢卡索時常在晚間起來捏黏土。畢卡索雖然也留下不少精緻的雕塑品，在本質上，他是一位畫家，他的主要努力和成就，應該是在繪畫。

那段文章中說，畢卡索晚間起來捏黏土，是想保持手指的靈活。早晨，在公園中時常看到一些人手裏握著兩顆鐵球，在指掌間不段轉動。這是一些上了年紀的人，想阻止手指的僵化，是基於健康的理由。手指算是人體的末梢，但是，人體的健康，往往需要從多方面去照顧，決不能有任何的忽略。同樣的理由，藝術的生命，也需要從多方面去照顧的。

實際上，對一個畫家而言，手指決不是末梢。手指和眼睛一樣，本身就是藝術的手段，也是藝術家的生命。

畢卡索捏黏土，除了防止手指的僵化以外，也是想把更多的關注和力量集中在一件事物上。對一個藝術家而言，想像力是非常重要的。但是，更重要的是力行。棒球選手練球，棋士是打譜，都是力行的道理。

聽說一位高段棋士，同時可以記住好幾盤棋，但是最確實的方法，還是打譜。這是能成為高手的條件，正如要成為好的選手，就必須不斷練球一般。

畫家捏黏土，看來好像不相關。實際上，這是對自己的一種要求。下圍棋的人，往往也下象棋。這並不是想做兩方面的高手，而是想從不同的領域中，領略到相同和不相同的道理。同樣，打球的人，在練球以外，還要練跑步。看來是無關，實際上卻是一體。

不知道誰說過：天才是一種偉大的專注。不但要專注於一件事，而且還要聚集所有的力量於這一件事。

我不知道如何界定天才，我也不敢說，專注一定會產生天才。但我可以說，專注和不斷力行，可能就是藝術的奧秘，也可能是一切事業的成功之路。

鄭清文　作家

屯

阿圖

一粒種子的誕生，是莊嚴而艱苦的。

它必須接受內外的考驗。首先，必須突破自我的束縛，以無比的毅力，衝破曾是保護它的殼膜，向下紮根；然後，向上掙扎，在硬軟濕乾不一定的泥土裏，尋求生存的空間，凸出希望的嫩芽。

萌發的時候，常常不是和煦陽光普照的初春，而是雷雨鼓盪風雲行走的「難生」日子。

中國的先哲在仰觀俯察之際，發現天地交泰時萬物化生的艱難，創造了一個很生動的字——屯。

「屯」的象形字是這樣的：。這個字揣摹出一個小生命誕生的故事。你看那代表生機不息的嫩芽是怎麼衝出地面的，這扭轉彎曲的小芽兒，先突破一個代表殼衣的，再衝決象徵地表的一。

這個「屯」字唸「ㄓㄨㄣ」，它就是易經第三卦的卦名，當第一卦的乾陽和

第二卦的坤陰交合後，產生下一代的「屯」（第三卦）。

寫易經的作者，大概看到這神奇奧妙的創生後，感動莫名吧！於是他就在這「屯」卦的卦辭下，寫了一段洋溢生命熱情，感慨造物神奇的讚詞：

屯，剛柔始交而難生，動乎陰中，大亨貞。雷雨之動滿盈，天造草昧，宜建侯而不寧。

寫定了讚詞後，這作者雖看到萬物的難生不寧、動乎陰中，但並沒有因此而喪氣，他在一陣思索之後，心中萌發一種「天開物人成物」的壯志。是的，在這雷雨交加的時候，種子有力突破窒礙，人焉能自限，不設法衝決網羅，啓萬世基業呢？於是他揮灑大椽，寫下這麼有力的一句話：

雲雷屯，君子以經綸。

就像種子的發揮無盡生機，人呵！你應該在雷雨中昂然挺立，作一個經綸天地的君子啊！

阿圖　本名許仁圖，作家

馬廻嶺車站夜宿

夏美馴

馬廻嶺是南潯鐵路線上一個小站，距離德安縣城不很遠，附近有丘陵、叢林、田園、村舍，只是荒無人煙，就連一隻狗也沒有見過。

我所看到的，是秋色的廬山，峯嶺巍然，可望而不可即，原是一片沉寂的大地。偶爾有穿與原野同樣色彩衣裝的人們出現，那是我們「精忠部隊」的弟兄；還會接觸眼簾的，便是昨晚或是今晨陣亡的同袍屍體，似乎還未來得及掩埋。日軍的火炮，從不遠處發出隆隆的巨響，天空不時有敵機低飛盤旋，似在尋找他的獵物，達達的機關鎗連發，也會使沉悶的氣氛，帶來一點緊張。甚至說，是在戰場上的雙方戰鬥，從昏夜到白天，向來無休止的展開。

躲避敵機轟炸，是戰地最令人頭痛的一件事。民房不能住，有時住不得。挖防空壕洞，在野戰的時候，限於條件，是不可能的。那時，我只是一個軍校剛畢

業，爲著保衞大武漢，奉派到這廣東部隊的少尉軍官。於是，山洞便成爲我的安身立命之所。誰知，惡性瘧疾纏綿在身，四股軟弱無力，頭脹高燒，雖然自信頑強年輕，總是無可抗拒這種冷熱病，自嘲未被敵人擊倒，反而先受自己的牽累。

病患後送。由於前方鐵道公路寸寸破壞，簡直是無路更無車，就連擔架也沒有福份，唯一的，就是撐持步行。第一天入晚，模模糊糊的睡在滿屋子稻草上，自備碗筷盛了一碗準備好的稀飯，杜塞又飢又渴的腸胃，這兒便是「野戰醫院」。萌明再行登程，翻越一座山嶺，曲徑小道，闃無人跡，濃蔭密林，冷雨淒清。咬緊牙，喘著氣，四顧茫茫，一片昏暗，好不容易挨近馬廻嶺車站，那座西洋式的建築，依然別來無恙。等我摸進無門的屋內，抖抖我那僅有的一條灰色軍毯舖放時，地板上散落著很多的瓦屑，眞是有點格人。在皮囊裏掏出火柴和半截蠟燭燃亮時，墻角正酣睡著兩位先到的客人，初看有些不對勁，等我持燭逼近再一看，原來是早經歸天的死屍。我在猶疑：同室共眠還是搬遷？

這一夜難忘，也使我體會到生命與塵埃之間只是一隙之隔。

夏美馴　曾任國立歷史博物館研究委員，國立藝專副教授

直心

陳郁夫

前天，好友黃來，告訴我薛的故事，使我深思良久。他說：

「這一次薛同國，我發現他有很大的改變。特別是他太太，主動爲我們學校住宿舍的人做了好多服務，譬如辦主婦進修班啦！兒童夏令營啦！她還向學校爭取到一間兒童康樂室，裏面擺張乒乓桌及一些娛樂器材，並替孩子們排定值日打掃，如果不打掃，要受到停止使用康樂室三日的懲罰。」

我贊許的「唔唔」點頭。

「在美國，你有什麼權利和義務十分淸楚。有權利就該享有，你用力爭取，是取得你該有的，別人絕對不會多說一句話；反之，你有義務不盡，別人便會說你，譬如，你對小孩照顧不周，鄰居便會指責你，甚至於到法院控告你。還有，在美國你有什麼事找鄰居幫忙，可以直講，事後也不用特別感謝，因爲他們認爲，你將來去幫忙別人就可以。」

我說：

「薛他們住的，可能是氣氛與程度都較好的社區，美國有些城市，也不是都這樣的。不過薛太太這樣熱心爲大眾服務，倒是我們中國人少有的品質。我們中國人即使有心替大家做些公益事，也怕別人說他別有用心而不敢動。弄到最後，正人君子只求明哲保身，出來跳躍的倒多半眞的另有用心。還有，我們對別人有要求，往往不肯直接說出，我們不能接受別人要求，也不肯直接拒絕，……不知道什麼時候，大家都失去了直心。」

「薛他們九月又要去美國了。」黃說，「現在，他太太把在宿舍弄的一切，統統要我太太繼續辦下去。我太太說，做那些事不難，困難的是擺脫那些舊觀念，還好，已有人開了個頭，眞希望我們也能辦得好。」

黃回去後，話中的每個觀念都叫我深思，其中尤以施恩而不望報爲甚。

我知道，西洋人這種無爲出於基督教的博愛，我們中國人也有民胞物與的胸懷啊！可是何時能把它形成一種共同的觀念，成就一個大公光明的世界？

陳郁夫　作家，東吳大學中文系教授

「慢」的哲學

周寧

「走得慢，走得穩，走得遠。」

——艾德諾（前西德聯邦總理）

現在工商社會越來越講求速度、效率與實踐成效。最好今天播種，今天收穫。激烈的競爭，幾乎不容許人們從容思考，深謀遠慮變成深奧的學問。所有的目標都是成長、成長、再成長；突破、突破、再突破。使每一個人、每一件事，全像綳緊了弦的弓，失去了生活中應有的彈性和適應空間。

我們在時間的壓擠下迷失了，人，淪落爲機件組合中的零件，不斷地滾動、接合，再咬住另一些相關繫的齒輪。

在這種背景裏，「慢」——似乎滋生出另一類況味出來，或可形成一種生活態度。

所謂「慢」，並不是眞「慢」，不宜將它視作「快速」或「捷徑」的相反詞。它不是漫不經心、拖拖拉拉、要死不活。我們應該把「慢」賦予積極的含義，使「慢」成爲生活中最具深度的一種理念。

「慢」——意指著人的毅力，只要堅持目標，不浪費精力、時間於旁騖，在「速食麵」型的時代裏，「慢」是成功者眞正的表徵。

「欲速則不達」、「揠苗助長」都可作爲「慢」的哲學的詮釋與註腳。在同一條起跑線上出發，勝利常不屬於漫無目標、橫衝直闖、精力旺盛的投機取巧的人，而是屬是能堅守人生目標的長期堅持的人。從這角度觀察，「慢」卽「快」，「慢」卽「捷徑」了。

繃緊的生活之弦，讓「慢」來鬆弛，許多生活情趣，只有細細慢慢的品嘗，才享受得到其中三昧；讓失去的自我，在「慢」中尋回，只有在「漸漸」循序而進之中，「自我」才能一點一滴建立起來。

人生是一場永無止境的長途跋涉，翻山越嶺。我們追求的，不應是短暫的彗星一閃，再熱烈的掌聲只能短暫停駐，空留回憶不如最後豐盈的收成。

慢慢的走，穩穩地走，保持心境的平和寧靜，不偏離業已抉擇的人生目標，總有一天，驀然回首，發現自己是那走得最遠的人。

周寧　本名周浩正，作家

當一個爸爸

莊 子

一天早上，我起牀後和往常一樣忙著看報，五歲的兒子超超站在旁邊玩。過一會兒，他要我陪他一塊兒玩，我馬上同說我在看報紙，沒有空。平常，他會吵著我要同他玩，但這一天早上，他聽完我的話，不纏人，也不鬧，沒說什麼，只是靜靜地走開。

我繼續看著報上刊載的大大小小新聞，其中並沒有一條新聞和我眞正相關。然後，他突然轉過頭，一顆眼淚已懸在眼眶下，但他只是說：「你一點也不會當爸爸！」

「你一點也不會當爸爸！」這豈是一個五歲的孩子說的話！我一整天被這句話和他的神情困擾著。

從他出生到現在，五年裏我總是忙著。他一直由他媽媽一個人陪著、帶著。上幼稚園小班時，他常常不願上學；到了現在，我們送他到幼稚園門口，他一定問：「你們幾點來接我？」

從辦公室有事打電話回家，如果他接到，也一定問：「爸爸幾點回來？」

我在忙什麼？我眞正想追求什麼？

生命裏的金錢、地位、聲望、事業、家庭，能不能排出順位表？

什麼是這一生中最重要的？我的一生，他的一生？

我知道，沒有我陪著，他一樣會長大；我還是要忙的。忙著看報、上班、應酬……。

他會逐漸淡忘他童年大部分的記憶；但我們父子相處的關係和態度卻也逐漸成形。

再過幾年，他一樣要捲入忙碌的生活。我們在一起的時間會更少。有一天，我會不會也埋怨他不留一點時間給我？

生命裏有多少無奈，有多少可以安排？

在孩子五歲時，你已經聽到他對你當爸爸的「評價」，即使是孩子話，即使是無心，我卻一直難過，無法釋懷。

莊子，作家，本名莊展信

生活中的小花

熊旅揚

多年來，從採訪工作養成了習慣，總喜歡記錄些生活中的感觸，一方面滿足性靈上的渴慕，一方面也增加對事情的判斷力。

人們常在分析一個人的時候，說此人是冷酷或是熱情。我也常常這樣去評論人。然而仔細想想，至今每個人的感情擱在一個容器裏，該都是滿滿的，只是在運送的過程中，用了不同的方式，經過不同的路途，遭受了天候或其他因素影響，有的仍滿注對生命的狂熱，有的卻已對生命漠然。而我，所要求於自己的是有感有觸，最起碼要知道自己在幹什麼。

一個星期天的下午，休假在家，悠閒的依在三樓窗口，看著對面樓下一家四口，穿著短褲蹲在路邊洗車。由他們開心的神情，很容易體會出他們家庭的和樂與對這部經由儲蓄而買的二手車的鍾愛，我趕緊拿出紙筆，記下我當時沉穩和溫暖的感覺。

一個夏日雨後的黃昏，下了公車，雖有些悶熱，但睜眼瞎忙了一週，想看看

路邊紅磚是否依舊，街轉角那間沒人住的空屋，雜草又長長了多少？沒想到身後突然有腳踏車煞車的聲音，呵！是兩位摩門教的洋兄弟。他們倆似乎驚異於我怎會徒步街頭。我說，現在只想看看馬路邊長出的小花。幾個月來，他們訪問過我幾次，教友沒當成，彼此卻樂於交談，他們臉上的金光，我腦中的小花，眞實、有趣而温暖。我記下它，長久在記憶中。

唐凱莉，我主持「六十分鐘」節目工作的伙伴，一年前，還沒赴美進修時，有天我們在一陣忙碌後的午後，溜到淡水，只爲在渡輪上看黃昏。依在船尾，眼觀彩霞，水濺裙襬，自己好像凌波仙子，雖不喜用彩筆繪出彩霞伴雲山，但此情此景，長留心崁。

朋友中，沒出國的想留洋，留洋回來的又尋不著稱心的工作；事業平坦的想發達，發達了又難有片刻寧靜，想來似乎都是殘缺的人生。那美好是什麼？原來也只不過一線隔，生活中天上彩霞，路邊小花，遠方至友，不也豐富、美好又暖心嗎？

—熊旅揚　電視節目主持人

緩一緩脚步

吳　晟

我任教的國中，距離我家約五公里路程，由於母親的堅持，這學期開學以來，我重又騎腳踏車上下班。除非有特別事情，多年來，我已養成儘可能和子女一起吃飯的習慣，因此，爲了趕回家吃午餐，每天需往返四趟，以平緩的速度計算，每趟需費時二十分鐘左右。

十餘年前，返鄉教書之初，母親買了一部舊腳踏車給我。那時先父去世沒幾年，家裏負債累累，無力償還，法院曾來我家查封所有田產，家境至爲窮困，雖然學校同事已大都騎機車，而我豈敢有此要求。

但母親買的這部腳踏車，未免太古舊了，踏起來很吃重，下雨天、大熱天、或逆風而騎的時候，倍感費力，尤其是寒冷的冬天，踏得滿身是汗之際，一不提

防，寒風常從衣領間灌進去，禁不住打起寒顫。

婚後，想起學生時代和妻在校共騎的那部跑車，甚爲輕快，請妻回娘家時順便寄運過來。或許是年少的溫馨往事，隨著車輪的轉動時時湧現，騎起來覺得輕鬆多了。

不過，眼看一部一部機車，不時從身旁奔馳過去，而且我夜間還得去街上兼任家教，而從我家通往學校的鄉間小路，前幾年才舖柏油，那時還是碎石子路，一下雨便多處泥濘，夜間往返確實不便，難免興起改騎機車的念頭，曾多次嘗試向母親提起，總因母親的強烈反對而作罷！

如此過了幾年，直到妹婿出國之前，我和他私下談妥，故意將他的機車留在我家，我又以晚上還兼家教爲有力理由，母親才勉強容許我開始騎機車，但仍時常叨唸能不必騎最好。

在安定之中，最近家境已有些微改善，母親要我辭去夜晚的兼差，同時更加堅持要我非再改騎腳踏車不可，開學前幾天，逕自去村中的腳踏車店選購了一部。我既不願違拗母親，也不願天天聽母親爲這件事嘮叨不已，開學以來，便依順母親重又騎腳踏車上下班。

和我較接近的同事和親友，咸認我的行徑遠遠落在時代潮流之後，實在過於落伍可笑，已有多位同事開轎車，我卻退而騎腳踏車，他們都深不以爲然。他們說，誰不是能享福就享福，越便利越好，何必如此自苦。

騎過店仔頭時，也有不少鄉親爲我抱不平，數說母親對我過份嚴苛，管得太嚴太不像話，幾位年長的伯母、阿嬸對母親說：這是甚麼時代了，你還這樣不變通，還好是你自己親生的兒子，不然別人一定會講話，認定你是在虐待。母親也不多做解釋，只固執的說：別人是別人，我自有道理。

母親所以如此堅持，最主要的原因，是父親騎了幾十年腳踏車，改騎機車才二、三個月，即發生車禍而喪生，創傷至巨。機車帶給她很大的陰影，每次聽到拔去滅音器的機車囂張無比的呼嘯之聲，看到一些少年仔肆無顧忌飛快疾馳的情形，對機車的惡感更爲加深。常批評現在的人懶慣了，沒甚麼急事，三步路也要騎車子。

起初幾天，我其實也不太心甘情願，但在來來回回的踩踏中，卻逐漸體會出

母親的用心，和隱含的深意。

我並非不知道，機車是現階段中下收入者不可或缺的交通工具，我並非不了解，人類追求更舒適、更安逸的生活，本是無可厚非的需求，也是文明所以發展的主要動力。然而，母親的生活一向清淡儉樸，常訓誨我們：沒有必要的物品、沒有必要的花費，應當盡量減少。處在私慾不斷被誘發、大家急急惶惶爭逐奢華的這個時代，就個人生活而言，我寧可學習母親刻苦自律，緩一緩腳步。

只要稍加留意我們的社會，以促進繁榮爲美名、以塡滿私慾爲實的事例，不勝凡舉。只顧現在、不顧未來、急功近利愈演愈烈的風尚，若任其膨脹、任其泛濫，掩沒了公眾道義，這種虛浮的畸形繁榮，帶給人類的危害，必將比帶給人類的便利更大。

有心人似應緩一緩腳步，遠離逸樂的漩渦，重做一番深刻的自省和思考，多想想怎樣做些較有用的事，少急於成爲有辦法的人。

吳晟　作家、教師

在屋頂與繁星之間

——物質生活與我

瘂　弦

我生長在河南省西南部的大平原上，那裏偏僻、落後的情況，今天的年輕人恐怕很難想像。

說了您別見笑，我在十八歲離家南下之前，從沒有看見過火車、自來水和抽水馬桶，也沒有見過電燈、電影、電扇和一切與電有關的東西；當然也從不知冰淇淋爲何物。

有一年，父親去一趟省城回來，我問父親：「爹！火車有多快？」父親說：「你坐在火車上，衝著火車頭方向射箭，那根箭準會落在你身邊，」又說：「火

車還沒有來，在二、三十里以外，如果你把耳朵貼在鐵軌上，就可以聽見它的聲音。」

民國三十八年夏天我流浪到湖南衡陽近郊，第一件事便是趴在鐵軌上「聽」火車。

去廣州之前我還沒看過電影。記得是在廣州中山公園附近的番禺中學內，大操場在演「中國之抗戰」，我去看了，起初看很不習慣，只覺得畫面的人臉一下子大了，一下子又變小了，怪怪的。當時還不知有「特寫」這回子事。

我走在廣州街上，看到很多老廣在吃一種小棍棍，放在嘴巴裏一下下，馬上又拿出來，好像很燙嘴的樣子，可不，還直噴烟哩！心想廣東人也眞怪，大暑天吃這麼熱的玩意兒幹嘛？後來問同行的才知道是冰棒。

隨軍從廣州坐船到鳳山，第一天晚上站衞兵，班長告訴我：「王慶麟，十一點半把電燈關了。」就這一道簡單命令，帶來兩個問題：一個是電燈怎麼關？一個是什麼是十一點半？那時我還不會看鐘，什麼長針短針，搞不清楚。當時的確够窘，就故意大模大樣對一位睡不著覺在燈下看武俠小說的傢伙說：「十一點半到了請告訴我！」但對於如何關電燈，實在不好意思問他，只好自己來。等他告訴我時間已到，我已為「怎麼關電燈」而煩惱半天了，看著一盞電燈泡高高的吊在天花板上，不知道怎麼收拾它，情急「智」生，只好把三八步槍上刺刀去戳弄燈泡旁的小耳朵，旁邊看武俠的傢伙按一下牆上的開關說：「在這呢！寶貝！」

由於我這土包子變愛麗絲的背景，所以我對於物質生活一向要求很低，吃的喝的穿的住的，愈簡單愈好。我在美國留學住在每月二十五美金的小閣樓裏，不但室小如斗，而且沒有一處不碰頭的，整個住處以洗臉盆最大，事實上沒有盥洗臺，我在浴缸裏洗臉！

我認為今天臺灣的問題是一般人物質生活過於奢侈，這種情況會帶來精神生活的貧乏。「有了屋頂，你便失去了繁星！」這是我早年的詩句，意思是說一個人如果沒有屋頂，那麼整個燦爛的星空是屬於他的，看星的人總會有較深邃的思想的吧？然一旦有了一個屋頂，一個華麗的屋頂，除了呼呼大睡外，看星的興致恐怕就沒有了。

瘂弦　本名王慶麟，詩人，聯合報副總編輯，聯合副刊主任

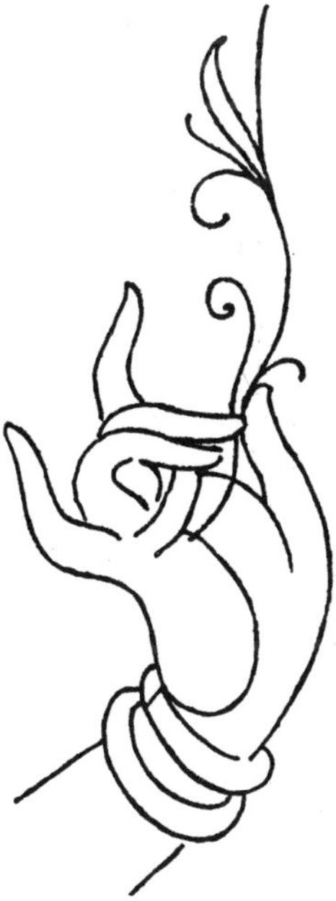

附錄

●背景故事之一

牽引

江靜玲

三毛又遠走高飛了！

這回，是眞正的流浪，因爲荷西在睡覺，三毛不忍叫醒他，他的潛水工作太辛苦了。

三毛只好千山獨行。

三毛臨走前，卻先寫了「八〇〇字小語」，就像她在文章中所說的，我們彷彿接到了他在伊利諾州立大學校園裏，那位陌生人送給她那把小草的那份溫情。

她說，她這次回來，要給愛看書的午安帶一些精彩好看的書回來。

午安就是「八〇〇字小語」第一集中，寫了「與草木同生」的陳恆嘉的可愛女兒。該書「背景故事」中，曾把事情經過忠實的寫下來，三毛看了，說她非常感動。

「荷西發生意外時，我很想寫信給她，我跟她有數面之緣，而且有共同的好朋友——張拓蕪，但是她是被包圍的人，我想她不會記得我，可是，那不重要，我了解她的悲苦，能體會她的心情。我只想告訴她『不要難過，人去了之後，在那個世界會很好。』那是我新喪愛女之後體會到的心情。」

陳恆嘉聽到三毛提起午安，爲三毛的這個情份也爲之動容。他說：

「我後來沒寫，因爲老實說，光想到要寫，心裏就忍不住地痛。我後來只請張拓蕪有機會告訴她，如果這個安慰有效的話。」

「禮失求諸野，可能眞的這樣。」陳恆嘉換了話題：

「有時候，我們眞的不知道要謝誰？像三毛碰到的那位老外，他怎麼想到三毛到現在還記住他？」

「這個經驗我也有。有一年，我從臺中，騎了機車要來臺北，在苗栗明德水庫附近破胎了，前不著村後不把店，正在一籌莫展的時候，一個騎大摩托車的先生從後邊過來，停下車，關切地問了我狀況之後，叫我等在那兒，他到前面村落的機車行找人來補。」

「老實說，我不太敢寄望那位先生會幫我叫，何況機車行的人也不見得願意來呀！十分鐘後，那位先生竟又回來了，而且，帶著機車行的小弟來，並且等在那兒，直到我的車胎補好，才放心地上他的路。我當然千謝萬謝，但是，那位先生連姓名也不留，只淡淡地說：『我成天在路上跑，受到的幫忙也很多，以後你也可以去幫助別人……』」

「你看，是不是禮失求諸野？」

人，只要用心，這心靈就會互相感應，生命中，有時候，不過是一縷微水輕拂，在心田裏，也許就有一片鮮綠的麥浪翻飛，這個人生，像是一個磁場，每一個個體，應該是互動、互牽、互引的吧？

「張拓蕪有沒有轉達我的意思給三毛，我不知道，但是，你看，三毛居然在幾年後的今天，說她喜歡午安，這難道不能說是我當時那一念的果報嗎？

「我相信三毛是不熟悉我的，就算認識，也無法將我的名字和臉孔合到一起。她不會因爲我才喜歡午安的，我要先替午安謝謝她，午安一定會喜歡這位三毛阿姨的……」陳恆嘉最後說。

這是一個温煦的人間。我在編輯「八〇〇字小語」，就像是這些温情小故事的拾綴者，從許許多多的作家身上，聞到了這個情意的馨香。

背景故事之二

重現的伊甸

江靜玲

常聽到張拓蕪提到劉俠母女，說她們多麼古道熱腸，多麼關愛他人……。

每次都想和張先生說：「我們約個時間去看劉俠吧！」可是，終究都沒開口，因爲我很慚愧，爲了工作，我連拜訪張先生的時間都不多了。

有一次，爲了一篇採訪稿，我們想到了「杏林子」，也就是劉俠，由於時間緊迫，只好很不禮貌地用了電話訪問的方式。

想像中，一定會聽到一絲孱弱的聲音——

「你好！我是劉俠，請問那位？」

清晰、宏亮、爽朗、堅毅的聲音，自電話彼端傳來。

這是劉俠嗎？

那個全身關節壞了百分之九十以上的杏林子，說起話來，竟然如此「中氣十足」。

簡單說明緣由之後，我們很順利地完成了訪問的工作。

這次，劉俠給人的印象是隨和、乾脆，而且人如其名——充滿俠情的。

爲了編輯「八〇〇字小語」第⑶集，六月中旬，我們開始愼重地開列名單，六月底，正式開始邀稿。

劉俠也在我們邀請的名單之中。

因爲有上次訪問的經驗，我們想到劉俠一定會「爽快」地答應的。

可是——

「對不起，我最近忙著伊甸殘障基金會的工作，實在不敢答應你們寫這篇文字。」

又是一次意外。

但是，她的拒絕卻是那麼婉轉，理由又是那麼誠懇。

第三集的邀稿名單中，張拓蕪也在裏頭。這過後沒好久，張拓蕪的稿子來了，這同時，這篇稿子也寄給了中央日報發表。

張拓蕪的稿子，題爲「福氣」，寫的正是劉俠。

張拓蕪個性耿介，是不輕易稱讚人的，但是文中，他卻說他一直以劉俠爲師，覺得認識劉俠是一種「福氣」。

張拓蕪的文章，使我們更了解劉俠的「俠骨柔情」，她不是說：「不敢答應」嗎？並不是「不能」或「不肯」呀！

於是，我又搖了電話。

劉俠很快說她已在中央日報看到拓蕪的文章了。

「不過，我想我還不够資格讓拓蕪那樣寫的。」她謙虛地爲自已下了「定論」。

「這樣吧！」最後她告訴我說：「我也只有這個星期天下午有空了，如果那天下午沒人來訪，也沒什麼電話的話，我就有時間，就可以寫這篇東西，好不好？」

她居然問我「好不好」，爲別人設想，這恐怕已經成爲劉俠的思考模式和生活習慣了吧!?

可是，她是眞的那麼忙，爲了在這塊土地建立一座人間的伊甸園，忙著貢獻自己，忙著照顧殘友，忙著燃燒自己，照亮別人……。

而且，我聽張拓蕪說，她寫字是要用兩手夾著筆，一筆一筆刻出來的……

老實說，她就是沒寫來，有她這一諾，我們也已經十分感動了。

星期天過了，是星期三吧？劉俠的稿子來了！

「讓大家多了解一點伊甸也好。」

打電話去申謝，劉俠卻顯得「開心」地說。

劉俠的伊甸雖是小小的、小小的規模，但是，卻使我們可以大大地、大大地驕傲，我們這一塊土地，眞正是一個寶島，因爲我們有這樣的一個朋友，她全身關節幾全壞光了，但是，她卻用僅能夾住筆、微微地轉動的雙手，在這塊地上建立了一處伊甸之園！

背景故事之三

千錘百鍊為一文

吳榮斌

「天下最反對我寫文章的人，大概莫過於母親了。母親極力反對我寫文章，最主要的原因，是因我通常只有在家人入睡後，才能靜下來看看書，寫寫字，稍一耽擱，便已深夜，常磨到三更半暝，隔天又要早早上班，母親擔心我因而損害了健康。

「母親常向我嘮叨：你又不比別人有學問，跟人家寫什麼文章。」

這是今年六月號讀者文摘的書摘「農婦」一文中的一段話。

我愛極了這篇文章。因爲書中描繪的就像是我家的翻版：一樣的農家，一樣的貧困過，一樣在田裏受烈日霜寒的煎熬，一樣有一個「倔強、勤勉、遵守舊禮教」的母親。唯一的差別是，這位鄉下的教師，有一支如椽巨筆，而我沒有。

讀者文摘的「書摘」，不同於該雜誌前面的文章，書摘將譯成中文以外的十五種語文，與全世界三千一百萬該雜誌的讀者見面。

「八○○字小語」當然希望有這樣的作者。

「他正處在高原期。」朋友說。

眞有這麼巧！寫作的人在拚了全力完成作品後，在下一個作品未完成前，常有「不寫」和「寫不出」的情況。這猶如爬山，未到峯頂前，正是最吃力的時候——當編輯的人都知道，向高原期的作家約稿，那難了！

還是渴望有他的作品，於是決心一試。

他非常謙和，但可以理解到處在高原期中的那種對我的約請的無奈。最後終究是在「想想看」中答應下來。

從約稿到接到稿，時間已將近過了四個月。這期間，我從他的進度中深深體會這位國際性的靑年作家，在創作時的那種謹愼、用心與奮力。

花了四個月寫了一篇叫做「緩一緩腳步」的短文，這不是千錘百鍊是什麼？

寫這篇文章的人，就是彰化溪州國中的教師吳晟，他也是一個自耕農。

其實，我知道的「八○○字小語」的作家，也大部分是這樣。我只能說，八○○字小語雖是短文，卻都是作者的心血結晶——沒有一篇例外。

「八〇〇字小語」書評

從真摯、鍊達出發

林文義

我常常兀自思索，人生的大智慧是否眞是難尋？在我們奔忙的歲月裏，我們對生命的眷愛與眞摯的態度究竟有多少呢？或者，因爲一點工作上的挫折，別人的讒言嘲諷，而令我們會感到生命的疲乏以及傷楚，甚至於失志？

在忙碌的工作裏，偶爾我讀到了一本相當難得的好書，書名是「八〇〇字小語」①（文經社出版），我因爲書中那五十位名家的智慧，而感到一份多年來不曾有過的清潤之感；那彷彿是一道清淺的溪流，源源不絕的流過心裏。令人感到所謂的智慧竟是來得那般的平易近人——五十位名家他們款款的向你訴說，不板嚴肅的臉孔，你幾乎可以在翻閱書頁的同時，從微微泛起的書香中感知到一種親切的愛。

梁實秋說：「惡勞好逸，人之常情。就因爲這是人之常情，人才需要鞭策自己。」

彭歌說：「凡事能從積極的，光明的一面去想，許多困難皆可迎刃而解。人，不應做環境的奴隸。」

羅蘭說：「人生是一件值得歡呼樂享的事。造物主給我們機會，送我們『下凡』來遊覽觀光，而我們爲什麼偏偏要把它當成一項痛苦難纏的任務，在那兒緊張不已呢？」

紀政說：「當我們打算從事一項工作時，常先想到對自己的壞處或好處，缺乏開闊的胸懷，許多計畫也就因沒有勇氣而沒有開始，因沒有開始也就沒有成功的機會。」

這些簡潔、充滿智慧的文字，都令我深深的震驚，我訝異的感覺到，他們在用生命的光熱在塑造一種可貴的經驗；然後，輕描淡寫的，像唱一首極其自然的歌謠，一路唱下去，縱使有得意，有悲苦，似乎，他們都毫不在意。

所有的榮辱、名利，人間的種種紛擾，似乎都不再是他們筆下所堅持要予以表達的，他們有的從生命的幻滅裏活了回來（如陳恆嘉），有的從事事工作裏獲知勇氣的意義（如紀政）……「八〇〇字小語」這本書無一不是經歷了奮鬥、痛苦、矛盾、掙扎之後的眞正澈悟，甚至於解脫的智慧，所以下筆時，已不再有人間的絲毫火氣，平心靜氣，款款道來，毫不做作，透過錬達的人生觀，以眞摯作爲文字的主力，告訴我們，一些人間裏可貴卻親切的智慧。

有時，我們不安，我們困惑，甚至於自怨；這些情緒原是可以理解的，畢竟，人有七情六慾，而「八〇〇字小語」應該是一本值得靜下心來，好好精讀的好書。它告訴我們一些微小卻內涵十分偉大，雋永的智慧，足以引領我們去領悟一些實質的東西，像人與人之間的相互諒解，和諧以至於達到世界大同的理想境界。

人一直在數千年來，愚蠢的相互殘害、欺瞞，利之所趨，道德淪喪……我個人以爲，文經社所出版的「八〇〇字小語」，應該是人類一個警鐘，足可令我們爲之省思、頓悟的，不說它是什麼大道理，就說它是一些親切的智慧吧。

（原載72年6月12日中央日報「晨鐘」）

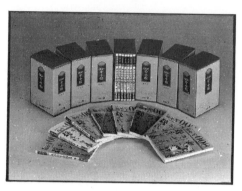

・文經文庫・

看見太陽

黃乃輝 著

這是黃乃輝十年來由默默無聞的賣花人，因出書而聲譽鵲起時，一連串失去親人、事業失敗、失去住處的打擊又忽焉而至，一切歸零從頭開始。本書是他這十年由一無所有的人生谷底，鼓勇向上攀爬、走向十大傑出青年之路的蛻變實錄，心靈成長，有走向風華的心路歷程，溫暖的故事，冷靜的社會觀察，深切的人情冷暖，以及熱情的生活態度，使本書讀來猶如聽到美妙的人生回音。

■定價200元

國家圖書館出版品預行編目資料

800字小語3／三毛等著．
-- 第一版. -- 臺北市：文經社，1983（民72）
面；　　公分. --（文經文庫；6）
ISBN 957-9208-30-1（平裝）

1. 修身

192.1　　　　80003243

文經社網址 http://www.cosmax.com.tw/
www.facebook.com/cosmax.co 或「博客來網路書店」查詢文經社。

文經文庫 6

800字小語 ③

著 作 人 — 三毛 等著
發 行 人 — 趙元美
社　　長 — 吳榮斌
主　　編 — 管仁健
美術設計 — 王小明
出 版 者 — 文經出版社有限公司
登 記 證 — 新聞局局版台業字第2424號

<總社・編輯部>：
社　　址 — 10485 台北市建國北路二段66號11樓之一（文經大樓）
電　　話 — （02）2517-6688（代表號）
傳　　真 — （02）2515-3368
E-mail — cosmax.pub@msa.hinet.net

<業務部>：
地　　址 — 24158 新北市三重區光復路一段61巷27號11樓A（鴻運大樓）
電　　話 — （02）2278-3158・2278-2563
傳　　真 — （02）2278-3168

郵撥帳號 — 05088806文經出版社有限公司
新加坡總代理 — Novum Organum Publishing House Pte Ltd.　TEL:65-6462-6141
馬來西亞總代理 — Novum Organum Publishing House (M) Sdn. Bhd.　TEL:603-9179-6333
印 刷 所 — 松霖彩色印刷事業有限公司
法律顧問 — 鄭玉燦律師（02）2915-5229
發 行 日 — 1987 年11 月 第一版 第 1 刷
　　　　　2014 年 1 月　　　　第 51 刷

定價／新台幣 130 元

Printed in Taiwan